古典文獻研究輯刊

十九編

潘美月・杜潔祥　主編

第 16 冊

上博簡楚辭類文獻研究（上）

陳民鎮、鍾之順、萬德良、張彩華　著

國家圖書館出版品預行編目資料

上博簡楚辭類文獻研究（上）／陳民鎮、鍾之順、萬德良、張
彩華 著 -- 初版 -- 新北市：花木蘭文化出版社，2014〔民103〕
序 2+ 目 2+156 面；19×26 公分
（古典文獻研究輯刊 十九編；第 16 冊）
ISBN 978-986-322-876-9（精裝）
1.楚辭　2.研究考訂
011.08　　　　　　　　　　　　　　　　103013721

ISBN-978-986-322-876-9

9 789863 228769

古典文獻研究輯刊
十九編　第十六冊　　　　　ISBN：978-986-322-876-9

上博簡楚辭類文獻研究（上）

作　　者　陳民鎮、鍾之順、萬德良、張彩華
主　　編　潘美月　杜潔祥
總 編 輯　杜潔祥
副總編輯　楊嘉樂
編　　輯　許郁翎
企劃出版　北京大學文化資源研究中心
出　　版　花木蘭文化出版社
社　　長　高小娟
聯絡地址　235 新北市中和區中安街七二號十三樓
　　　　　電話：02-2923-1455 ／傳眞：02-2923-1452
網　　址　http://www.huamulan.tw 信箱 hml810518@gmail.com
印　　刷　普羅文化出版廣告事業
初　　版　2014 年 9 月
定　　價　十九編 18 冊（精裝）新台幣 32,000 元

上博簡楚辭類文獻研究(上)

陳民鎮、鍾之順、萬德良、張彩華　著

作者簡介

陳民鎮：男，1988 年生，浙江蒼南人，煙臺大學專門史專業碩士，中國社會科學院文藝學專業博士研究生，出版專著一部，在《中國史研究》、《史學月刊》、《中國詩歌研究》、《光明日報》等處發表論文多篇。負責本書緒論、上編《集釋》的按語、下編〈上博簡〈蘭賦〉與「幽蘭」意象探論〉、〈略說上博簡〈凡物流形〉的性質〉及統稿。

鍾之順：男，1985 年生，陝西西鄉人，煙臺大學古代文學專業碩士，負責上編《集釋》材料的整理及下編〈上博簡（八）楚辭類文獻虛詞研究〉。

萬德良：男，1987 年生，山東壽光人，煙臺大學考古學及博物館學專業碩士，負責下編〈上博簡〈李頌〉與〈橘頌〉比較研究〉。

張彩華：女，1987 年生，山東高唐人，煙臺大學古代文學專業碩士，負責下編〈上博簡（八）楚辭類文獻草木意象初探〉。

提　　要

上博簡第七冊公佈的〈凡物流形〉及上博簡第八冊公佈的〈李頌〉、〈蘭賦〉、〈有皇將起〉、〈鶹鷅〉四篇被整理者視作楚辭體的文獻，本書認爲〈凡物流形〉與楚辭無直接關聯，故重點討論上博簡第八冊的四篇楚辭類文獻。本書分爲上、下編。上編爲《上博簡楚辭類文獻集釋》，對〈李頌〉、〈蘭賦〉、〈有皇將起〉、〈鶹鷅〉四篇文獻進行了集釋、解析，重新討論了一些疑難詞句，在此基礎上擬定了新的釋文。下編爲《專題研究》，討論了上博簡〈蘭賦〉所見「幽蘭」意象的意涵，通過釐清篇中有關「蘭」之芬芳及其生長處所的文字，可以進一步證明先秦文獻中的「蘭」確係蘭草，與今蘭無涉，且「幽蘭」亦指蘭草；全面分析了上博簡（八）楚辭類文獻的虛詞，同時與屈原賦的虛詞進行比較，指出這批文獻地域性明顯，且內容極富個性，具有重要價值；通過對上博簡〈李頌〉與《楚辭·橘頌》進行比較研究，發現二者在結構、句式、修辭、思想等方面都存在相近之處；本書還考察了上博簡（八）楚辭類文獻的草木意象；並對上博簡〈凡物流形〉的性質進行了分析。本書對上博簡楚辭類文獻的研究作了初步總結，也提出了一些新的看法。

序

　　這部書稿是在陳民鎮帶動下四位同學課餘時間共同合作研討的成果。近百年來，地不愛寶，出土了眾多民族歷史文化典籍，甚至包括學者企盼已久的《尚書》「相關篇章」。而關於楚辭，只有阜陽漢簡中的寥寥幾字，令楚辭學界頗感遺憾。今上博簡第八冊公佈了四篇楚辭類文獻，分別為〈李頌〉、〈蘭賦〉、〈有皇將起〉、〈鶹鷅〉。整理者曹錦炎先生認為，它們是早於屈原的楚辭類文獻。果其如此，這四篇文獻的價值無疑是極大的，值得我們認真去探索其文本意涵與文學史意義。

　　遺憾的是，除了研究文字學的學者對有關字詞作了零星的討論，尚很少有人關注這批楚辭類文獻的文獻價值。陳民鎮等同學對這批文獻作了綜合的研究，可以說彌補了這方面的缺憾。

　　整理者的釋文以及其對文本的理解存在一定的缺陷，不少學者已經在網絡上踴躍發表意見。書稿的上編便是針對這四篇文獻的集釋，全面蒐集整理了學者們對這四篇文獻的討論情況，並提出一系列自己的理解。在討論問題的過程中，作者充分結合今本《楚辭》的線索，不少認識發人所未發，具有啓迪意義。作者在釋文的擬定、疑難字的釋讀等方面的態度還是相當審慎的，無法論定的地方儘量存疑。這一部分內容為學者的進一步研究提供了極大的便利。

　　下編是在上編基礎上的專題研究，雖然屬於探索性質的論述，但都體現出了一定的學術水準。如陳民鎮通過對〈蘭賦〉的研究，對「幽蘭」的公案作了進一步的探討；對〈凡物流形〉的性質作了分析，指出其並非楚辭類文獻。鍾之順對這四篇文獻的虛詞進行了全面的研究，並與傳世的屈原賦進行

比較，得出了一些可信的認識。張彩華研究了〈李頌〉與〈橘頌〉的草木意象，萬德良將〈李頌〉與〈橘頌〉進行比較研究，均屬於創新之作。

我於上個世紀 80 年代，有幸師從姜亮夫先生與崔富章先生攻讀古典文獻學碩士、博士學位。在老師的引導下，我將重點放在以文化人類學理論爲指導，以語言文字訓詁爲基礎，以傳世文獻爲線索，利用考古資料研習《詩經》、《楚辭》。我的碩士、博士學位論文都是以《楚辭》、《詩經》爲題目。到了上個世紀 90 年代，我又有幸投師李學勤先生門下，在考古學與文明史、出土文獻與學術史等方面深受李先生的影響。到了本世紀，我也由學生變成了老師。我自然以自己向老師所學的知識與方法，再傳授給我的學生，指導他們多讀師爺輩的論著，希望他們能比我更好地弘揚師爺們的學問，從而爲研究傳播中華民族的優秀文化作出貢獻。

正因爲這樣的原因，我的四位研究生主動選擇上博簡第八冊楚辭類文獻作爲研習對象是很自然的。他們很用心，也很有創見，但畢竟還年輕，學術積累不夠，書稿中存在這樣那樣的不足，也在所難免，希望大家給予批評幫助。而我作爲老師，之所以同意他們將這些還不十分成熟的成果提交學界，一個重要的考慮是想借此鼓勵他們的專業上進性，激發他們的學術潛能。作爲老師，這一點可能比單純的傳授專業知識更重要。

江林昌
2014 年春

目

次

緒　論

　　1925 年暑期，王國維先生發表〈最近二三十年中中國新發見之學問〉〔註1〕的演講，開篇言「古來新學問起，大都由於新發見」〔註2〕，並臚列 19 世紀與 20 世紀之交所發現的五項新材料〔註3〕。在發表這篇演說後不久，王氏便開始向清華學校的學生講授「古史新證」等課程。其中《古史新證》〔註4〕講義對中國古史研究產生了深遠影響，尤其是王氏提出的「紙上之材料」與「地下之新材料」互相證釋的「二重證據法」，成爲今後古史研究的重要範式。1930 年，陳寅恪先生在〈敦煌劫餘錄序〉中指出：「一時代之學術，必有其新材料與新問題。取用此材料，以研求問題，則爲此時代學術之新潮流。治學之士，得預於此潮流者，謂之預流。其未得預者，謂之未入流。」〔註5〕毫無疑問，王氏敏銳把握了「學術之新潮流」，並得以「預流」〔註6〕。

〔註1〕　這篇演講稿曾發表於《清華週刊》第 350 期，收入《靜庵文集續編》。
〔註2〕　王國維：〈最近二三十年中中國新發見之學問〉，《王國維遺書》第 5 冊，上海古籍書店 1983 年版。
〔註3〕　分別是殷墟甲骨文字，敦煌、塞上及西域各地之簡牘，敦煌千佛洞之六朝唐人所書卷軸，內閣大庫之書籍檔案，中國境內之古外族遺文。
〔註4〕　最初刊印於 1925 年 8 月。在王氏投湖自殺後，《古史新證》曾刊載於《國學月報》2 卷 8、9、10 號合刊《王靜安先生專號》（1927 年 10 月）及《燕大月刊》7 卷 1、2 期合刊（1930 年 2 月）。清華大學出版社則於 1994 年將包括《古史新證》在內的王國維在清華國學研究院期間的講義以《古史新證——王國維最後的講義》爲題出版。
〔註5〕　陳寅恪：〈敦煌劫餘錄序〉，《陳寅恪集·金明館叢稿二編》，生活·讀書·新知三聯書店 2001 年版，第 266 頁。
〔註6〕　「預流」即「入流」，本佛家語。預流果爲小乘四果的第一果，即初果，是最低的果位，意即初入聖人之流。

　　王氏據甲骨卜辭考證殷先公先王〔註7〕，其功厥偉。尤其是揭破了《楚辭·天問》有關王季、王亥、王恆、上甲微等殷先公的謎團，實掃千古之積疑。王氏的相關研究，實際上也開創了先秦兩漢文學史（包括楚辭學）「新證」〔註8〕研究的先河。從甲骨、簡牘等新材料的發現到現在，已然走過一個多世紀。伴隨著新材料的不斷發現，有關文學史問題得以被重新衡量，取得了許多成就，同時也存在一些問題。進入 21 世紀以來，更多出土文獻的出現，爲我們重新審視先秦兩漢文學史的嬗替演變提供了新的契機。尤其是近來公佈的上博簡（八）楚辭類作品文本，爲楚辭學研究提供了重要材料。以下擬結合新近出現的出土文獻（尤其是上博簡楚辭類文獻），探討出土文獻對於古典文學尤其是楚辭學研究的重要意義。

一、「重寫文學史」的可能性

　　我們知道，在 20 世紀 80 年代末曾經有過一次「重寫文學史」的討論。這次討論對中國現當代文學的研究產生了一定的理論衝擊，甚至可以說中國現當代文學研究的進展很大程度上端賴於這場討論的深入，得益於當年那批中國文學批評家與思想者的實踐。它的意義是不言而喻的，而它的過程及背景的確需要我們重新回顧和審視。討論的緣起是《上海文論》1988 年第 4 期「重寫文學史」欄目的推出，當時陳思和先生與王曉明先生正是這個欄目的主持人。主持人語：「我們今天提出『重寫文學史』，主要目的，正是在於探討文學史研究多元化的可能性，也在於通過激情的反思給行進中的當代文學發展以一種強有力的刺激。」主持人所期待的「重寫」，包括兩方面的努力：「一是以切實的材料補充或者糾正前人的疏漏和錯誤，二是從新的理論視角提出對新文學歷史的個人創見。」〔註9〕在進入新的歷史時期後，人們不再滿

〔註7〕　參見王氏〈殷卜辭中所見先公先王考〉、〈殷卜辭中所見先公先王續考〉以及《古史新證》的第三章〈殷之先公先王〉的考證。

〔註8〕　《古史新證》實際上確立了「文史新證」的研究範式，是「新證派」的肇端。王氏的《古史新證》雖然提出了「文史新證」的基本原則，但局限於「古史新證」；而王氏之學則是「文史新證」，是爲「文史新證」的最早代表。「文史新證」的主要研究時段是先秦兩漢，其主要研究對象是文、史、哲各領域，主要研究方法是「二重證據法」，其中「新」體現在新材料與新方法上，「證」表現爲考證新說與驗證舊說。遵循「文史新證」的研究範式的學者及學術，可統稱作「新證派」。

〔註9〕　陳思和、王曉明：〈主持人的話〉，《上海文論》1988 年第 4 期。

足於文學史的「複寫」，而是希望在掙脫政治理念以及機械進化論等觀念束縛的基礎上，眞正做到文學史的「重寫」。

　　類似的反思同樣出現在中國古典學的領域。自 20 世紀 90 年代以來，李學勤先生提出了「走出疑古時代」與「重寫學術史」的看法。當然，不少學者還是從「口號」本身誤解了李先生的初衷。古典學領域的「重寫學術史」，背景與現當代文學的「重寫」並不完全一致。一個重要的現象是，簡帛佚籍的湧現使疑古思潮乃至舊的學術史敘說方式都面臨挑戰。「重寫」的思潮波及到思想史領域，也激起了不少討論〔註 10〕，杜維明先生便曾斷言郭店簡的材料出現之後「整個中國哲學史、中國學術史都要重寫」〔註 11〕。關於先秦兩漢文學史的「重寫」〔註 12〕，則顯然與中國古典學領域的反思關係更加密切〔註 13〕。從某種層面上說，學術史一直是在被「改寫」甚至於「重寫」。於目前來看，說清華簡等新材料「改寫」了先秦史、學術史等領域的若干認識並不誇張。對於先秦兩漢文學史而言，新的材料也的確帶來了不小的衝擊。

　　在筆者看來，出土文獻對於先秦兩漢文學史的意義，主要在於如下數端：其一，提供了前所未見的新文本；其二，提供了傳世典籍的異文材料以及版本資料；其三；提供了解決某些學術史難題的新鎖鑰；其四，提供了反映學術史嬗變的新材料。其中最爲關鍵的是新文本，由於其未經後人竄改，故能客觀反映先秦兩漢時期的文本原貌（包括語言特徵、用字特點等）。目前我們可以根據新材料提取一些新認識，而如若全面顛覆舊的文學史體系則是爲時尚早的。

　　出土文獻「改寫」或「重寫」先秦兩漢文學史的局限在於，目前所見出土文獻信息量不夠，多未能突破原有體系的窠臼，更爲重要的是，眞正的新文本並不多，故缺乏眞正直接的文學史新材料。過去學者運用出土文獻所進行的文學史新證研究，多是利用有限材料的有限信息進行有限的討論，這是需要我們注意和改進的。

〔註10〕梁濤：〈疑古、釋古與重寫思想史——評何炳棣〈有關孫子、老子的三篇考證〉〉，香港《二十一世紀》總 87 輯，2005 年 2 月號；曹峰：〈出土文獻可以改寫思想史嗎？〉，《文史哲》2007 年第 5 期。

〔註11〕杜維明：〈郭店楚簡與先秦儒道思想的重新定位〉，《中國哲學》第 20 輯「郭店楚簡研究」專輯，遼寧教育出版社 1999 年版，第 4 頁。

〔註12〕廖名春：〈出土文獻與先秦文學史的重寫〉，《文藝研究》2000 年第 3 期。

〔註13〕可以參看裘錫圭〈中國古典學重建中應該注意的問題〉，《裘錫圭學術文集‧簡牘帛書卷》，復旦大學出版社 2012 年版，第 334～344 頁。

二、出土文獻之於先秦兩漢文學史的意義

值得慶幸的是，進入 21 世紀以來，更多出土文獻的出現（包括公佈以及未完全公佈的材料）〔註 14〕，尤其是清華簡、上博簡、北大西漢簡等材料，使人們得以接觸更多有關中國古典文學（主要集中於先秦兩漢階段）的新文本，這主要體現在以下幾個方面〔註 15〕：

1. 詩

這裏所說的「詩」主要是指與《詩經》有關的文本。出土文獻與《詩經》研究的關係，此前已有不少學者論及〔註 16〕。上博簡首先公佈的〈孔子詩論〉涉及孔子的詩論，但尚不是真正的古詩文本。上博簡第四冊公佈的〈采風曲目〉以及〈逸詩〉提供了先秦詩歌的新材料。至於清華簡第一冊公佈的〈耆夜〉，除了出現與《詩經·唐風·蟋蟀》相類的〈蟋蟀〉，尚有〈樂樂旨酒〉、〈輶乘〉、〈贔贔〉、〈明明上帝〉四首詩歌，近於《詩經》中的「雅」，是禮樂詩三位一體的宗周社會的生動展演〔註 17〕。最近公佈的清華簡第三冊有多首古詩，其中〈周公之琴舞〉記錄了「琴舞九絿」，凡十組詩歌，其中一篇相當於《詩經·周頌·敬之》，並可窺及先秦詩樂舞傳統的概貌〔註 18〕；〈芮良夫

〔註 14〕主要是簡帛佚籍，甲骨文與金文雖然也有文學史價值（如饒宗頤等先生討論過卜辭的文學史意義，金文中不少語辭可與《詩經》相參證），敦煌藏經洞等文獻也可以稱得上「出土文獻」，但畢竟簡帛佚籍更為直接，信息量更大，年代更為久遠，也更具文獻價值。出於簡帛佚籍的時段，出土文獻在「改寫」中國古典文學方面的價值主要體現在先秦兩漢文學的領域。由於 21 世紀以來與古典文學直接有關的材料趨多，故以世紀之交為界，可以劃分為前後兩個階段。顯然，我們所處新階段的研究方興未艾。

〔註 15〕事實上，先秦的「文學」觀念尚未淨化，與今天西方話語中的「文學」並不一致。《漢書·藝文志》中的「詩賦」一類，自然屬於「文學」，而《詩經》則屬於「六藝」，已然是經學的範疇。本文暫且按照先秦兩漢文學史的一般認識，將先秦文獻區分為各類別。

〔註 16〕于茀：《金石簡帛詩經研究》，北京大學出版社 2004 年版；房瑞麗：〈出土文獻與《詩經》研究〉，《文學前沿》2004 年第 1 期；劉立志：〈二十世紀考古發現與《詩經》研究〉，《南京師範大學文學院學報》2004 年第 2 期；夏傳才：〈《詩經》出土文獻與古籍整理〉，《河北師範大學學報》（哲學社會科學版）2005年第 1 期；劉冬穎：〈出土文獻與《詩經》研究平議〉，《學術交流》2005 年第5 期；曹建國：《楚簡與先秦《詩》學研究》，武漢大學出版社 2010 年版；黃寶娟：〈簡牘文獻的詩學研究〉，濟南大學碩士學位論文，2011 年 5 月。

〔註 17〕陳民鎮：〈孟子「詩亡然後《春秋》作」解詁——兼論中國早期史學的轉捩與清華簡〈繫年〉（上）〉，臺灣《孔孟月刊》第 50 卷第 11、12 期，2012 年 8 月。

〔註 18〕江林昌師：〈清華簡與先秦詩樂舞傳統〉，《文藝研究》2013 年第 8 期。

懲〉可與《詩經・大雅・桑柔》等相參證，其篇幅之長、「寓命達聽」的諷諫宗旨、脫離禮樂傳統的自覺性創作均值得我們重視，結合此前有關芮良夫作詩的記載，我們有理由相信芮良夫作爲西周社會轉型及「變雅」發生的關鍵人物、屈原之前的一位形象鮮明的詩人有待我們進一步發掘。這些新材料展現了《詩經》之外的某些完整逸詩，對我們重新認識先秦詩之傳佈、詩之地位、詩之創作、詩之彙編等問題提供了新線索。如〈蟋蟀〉一詩，過去認爲是「刺晉僖公也」（《詩小序》），據清華簡〈耆夜〉，則是周公所作〔註 19〕，可與周公「無逸」的思想相參驗。此前，阜陽漢簡發現了《詩經》殘簡，著名的石鼓文也記載了與《詩經》相類的詩篇，敦煌漢簡〈風雨詩〉則屬於漢詩。

2. 辭　賦

　　首先看楚辭。上博簡第七冊的〈凡物流形〉以及上博簡第八冊所公佈的〈李頌〉、〈蘭賦〉、〈有皇將起〉、〈鶹鶵〉被學者視作楚辭類作品〔註 20〕。這些文本爲我們審視前屈原時期的楚辭作品提供了新文本，也爲有關文學史問題提供了新認識。此外，清華簡第三冊的〈赤鵠之集湯之屋〉爲〈天問〉「緣鵠飾玉」的理解提供了新線索〔註 21〕。近來入藏北京大學的西漢簡〈反淫〉一篇則出現了「屈原、唐勒、宋玉、景差」等辭賦家的名號。此前發現的楚國卜祀簡、阜陽漢簡〈離騷〉與〈涉江〉殘簡以及銀雀山漢簡所見唐勒賦殘簡等，均是重要發現。

　　此外，尹灣漢簡〈神烏賦〉是漢代俗賦的珍貴材料；北大西漢簡〈反淫〉屬於「七體文」〔註 22〕，並有部分內容與枚乘〈七發〉近同，是「七體文」的新材料〔註 23〕；馬王堆帛書〈相馬經〉文體亦類似於賦〔註 24〕。

3. 敘事散文

　　所謂「敘事散文」，是先秦兩漢文學史的一個概念。在上博簡中，出現

〔註 19〕 相關討論參見拙作〈《蟋蟀》之「志」及其詩學闡釋——兼論清華簡〈耆夜〉周公作〈蟋蟀〉本事〉，《中國詩歌研究》第 9 輯，社會科學文獻出版社 2013年版。
〔註 20〕 曹錦炎：〈上海博物館藏戰國竹書《楚辭》〉，《文物》2010 年第 2 期。
〔註 21〕 李學勤：〈新整理清華簡六種概述〉，《文物》2012 年第 8 期。
〔註 22〕 傅剛、邵永海：〈北大藏漢簡〈反淫〉簡說〉，《文物》2011 年第 6 期。
〔註 23〕 曹植〈七啓八首〉序云：「昔枚乘作〈七發〉，傅毅作〈七激〉，張衡作〈七辯〉，崔駰作〈七依〉，辭各美麗。余有慕之焉，遂作〈七啓〉。」
〔註 24〕 李零：《簡帛古書與學術源流》，生活・讀書・新知三聯書店 2007 年版，第 364頁。

有〈昭王毀室〉、〈昭王與龔之脽〉、〈柬大王泊旱〉、〈莊王既成〉、〈申公臣靈王〉、〈平王問鄭壽〉、〈平王與王子木〉、〈鄭子家喪〉、〈王居〉等「楚王故事」文獻，也有學者將其中一些文獻視作「國語」類文獻。清華簡第二冊是一篇完整的史書，整理者擬題作〈繫年〉，各章所敘基本以事件爲中心，記述列國的源起及發展，綜括歷史大勢及諸侯代興，在事件敘述上也並非流水賬式的記錄，而是匠心獨運的謀篇〔註 25〕，是史傳文學的傑出代表。清華簡第一冊與第三冊公佈了多篇「書」類文獻，爲「書」類文獻的形成、流播乃至今古文之爭都提供了前所未見的珍貴材料。一般認爲，「書」類文獻主要是記言的〔註 26〕。新近公佈的〈說命上〉以敘事爲主，而〈尹至〉、〈尹誥〉、〈金縢〉、〈程寤〉、〈保訓〉等篇章實際上是在敘事中貫穿大量對話，而以對話內容爲主體。此前發現的馬王堆帛書〈春秋事語〉、〈戰國縱橫家書〉等，以及最近的北大西漢簡〈趙正書〉等，亦當劃入「敘事散文」一類。

4. 說理散文

文學史學者一般將諸子的一些議論體文獻稱作「說理散文」，此類文獻在簡帛佚籍中所佔比重較大。目前《老子》有郭店簡、馬王堆帛書、北大西漢簡等版本，阜陽漢簡、張家山漢簡發現有《莊子》的相關內容，馬王堆帛書發現有「黃帝書」，以上屬於廣義的「道家」系統；《論語》有定州漢簡、平壤貞柏洞簡等版本，郭店簡發現數篇「思孟學派」的著述，以上屬於儒家一系；長臺關楚簡見及可能與墨家有關的文字，等等。當然，不少文獻學派歸屬未有定論。值得注意的是，廣義的道家文獻往往是韻文，《老子》、〈凡物流形〉、楚帛書及黃帝書尤爲明顯，郭店簡〈太一生水〉、上博簡〈恆先〉也有體現，儼然中國古代的哲學詩，道家一脈的學說可以說是「詩性的哲學」。

5. 其 他

出土文獻與先秦兩漢文學的聯繫尚不止於此，以下略舉數端：

子彈庫楚帛書提供了完整的創世神話，較《山海經》、《淮南子》等文獻中與神話相關的吉光片羽更具價值，一般的文學通史在講述神話時未能措

〔註 25〕 陳民鎮：〈《繫年》「故志」說——〈繫年〉性質及撰作背景芻議〉，《邯鄲學院學報》2012 年第 2 期；〈清華簡〈繫年〉研究〉，煙臺大學碩士學位論文，2013 年 6 月。

〔註 26〕 《漢書・藝文志》云：「君舉必書，所以慎言行，昭法式也。左史記言，右史記事，事爲《春秋》，言爲《尚書》。」

意，是令人遺憾的；

睡虎地秦簡〈爲吏之道〉提供了「成相體」的新材料；

北大西漢簡〈妄稽〉被視作「目前所知時代最早、篇幅最長的『古小說』」
〔註 27〕；

北大秦簡、放馬灘秦簡等均有「志怪故事」的內容；

敦煌漢簡所見韓朋故事，可與後世的〈韓朋賦〉相聯繫；

九店楚簡〈日書〉、清華簡第三冊〈祝辭〉、包山楚簡、新蔡楚簡、秦家
嘴楚簡等，均提供了祝辭的有關材料。

　　隨著 21 世紀以來愈來愈多完整的、眞實的先秦兩漢文學文本的發現，中
國古典文學研究迎來了新的機遇〔註 28〕。然而，中國古典文學的研究隊伍往
往對新材料措意無多，與思想史、歷史學、古文字學等領域的學者相比，文
學史學者對出土文獻的敏感度相對較差。譬如本文重點討論的上博簡（八）
楚辭類文獻，文學史領域的學者沒有給予應有的關注。究其原因，有學者指
出：「中國古代文學學科在出土文獻研究方面的落後狀況主要是由於研究者的
意識使然。而研究者意識的落後不但由於研究者相關知識的缺乏和視野的狹
窄，更受到本學科研究方法和理論的局限。」〔註 29〕可喜的是，中國古典文
學研究領域的學者對出土文獻愈來愈重視〔註 30〕，其中對《詩經》以及《楚
辭》的關注尤爲顯目。1999 年 12 月，「出土文獻與中國文學研究學術研討會」
在北京廣播學院召開。2008 年 12 月，在漳州師範學院舉辦了「第二屆全國出
土文獻與中國文學史學術研討會」。在 2012 年 10 月，「第三屆出土文獻與中
國文學研究學術研討會暨山東省古典文學學會 2012 年年會」在濟南大學召
開，這次會議討論的範圍較以前更爲廣泛，從甲骨卜辭到新出清華簡的材料，
都成爲討論的對象。「出土文獻與中國文學史研究」、「出土上古文學文獻整理

〔註 27〕何晉：〈北大漢簡〈妄稽〉簡述〉，《文物》2011 年第 6 期。

〔註 28〕20 世紀的有關研究參見趙敏俐先生〈20 世紀出土文獻與中國文學研究〉一文，
　　　　載姚小鷗主編《出土文獻與中國文學研究》，北京廣播學院出版社 2000 年版；
　　　　《文學前沿》第 2 輯，首都師範大學出版社 2000 年版。

〔註 29〕姚小鷗、李穎：〈「出土文獻與中國文學研究學術研討會」的前前後後〉，《出
　　　　土文獻與中國文學史研究》，河南人民出版社 2010 年版，第 9 頁。

〔註 30〕此前廖群先生《先秦兩漢文學考古研究》（學習出版社 2007 年版）、陳斯鵬先
　　　　生《簡帛文獻與文學考論》（中山大學出版社 2007 年版）、王澤強先生《簡帛
　　　　文獻與先秦兩漢文學研究》（中國社會科學出版社 2010 年版）等屬於這方面
　　　　的嘗試。

與研究」等課題也得到實施。一些期刊對此也予以關注，《文藝研究》多次發表有關專題的文章（包括 2013 年第 8 期一組關於清華簡「詩」的論文），《中州學刊》2000 年第 3 期、2010 年第 1 期還分別組織了出土文獻與中國古代文學研究的筆談。清華簡〈周公之琴舞〉等篇章的出現，也促成了多次學術會議，湧現出了不少論著。但總體而言，文學史領域的學者對出土文獻把握的深度不足，研究方法也比較單一。在面對新的材料如上博簡（八）楚辭類文獻時，關注度並不夠——以上都是我們不得不面對的問題。

三、上博簡（八）楚辭類文獻的重要價值

自饒宗頤先生首倡「楚辭學」以來〔註31〕，楚辭學的研究漸入佳境，老一輩學者很早便開始注意結合出土文獻來深化對楚辭的認識。楚辭學與出土文獻相結合的優良傳統，延續至今〔註32〕。此前的相關研究，已有學者作過總結〔註33〕。除了文本校勘，楚辭所見古史傳說〔註34〕、〈天問〉所見宇宙生成論〔註35〕等問題均賴考古發現得到進一步澄清。新世紀以來，隨著出土文獻的增多以及研究的深入，出土文獻對楚辭學的意義愈加凸顯。清華簡第一冊中公佈的〈楚居〉，涉及楚辭學背景的的重要史料〔註36〕，黃靈庚等先生作過強調〔註37〕。新出清華簡第三冊中有〈赤鵠之集湯之屋〉一篇，為〈天問〉「緣鵠飾玉」的理解提供了新線索。一些學者結合古文字的材料，對「兮」、

〔註31〕 1978 年，饒公在香港中文大學作了題為〈楚辭學及其相關問題〉的演講，這也是饒公的退休演講，倡議設立「楚辭學」。

〔註32〕 不少學者注重結合簡帛文獻考證楚辭，最近比較重要的成果有周建忠先生〈屈原考古新證〉（上海師範大學博士學位論文，2004 年 4 月）、徐廣才先生〈考古發現與《楚辭》校讀〉（線裝書局 2009 年版）、黃靈庚先生《楚辭與簡帛文獻》（人民出版社 2011 年版）、代生師兄〈考古發現與楚辭研究——以古史、神話及傳說為中心的考察〉（南京大學博士學位論文，2011 年 5 月）等。

〔註33〕 陳桐生：〈二十世紀考古文獻與楚辭研究〉，《文獻》1998 年第 1 期；周建忠：〈出土文獻·傳統文獻·學術史——論楚辭研究與楚文化研究的關係與出路〉，《文學評論》2006 年第 5 期；周建忠：〈出土文獻與楚辭研究的價值與走向〉，《中州學刊》2010 年第 1 期。

〔註34〕 江林昌師：〈楚辭與上古歷史文化研究〉，《浙江社會科學》1995 年第 2 期。

〔註35〕 江林昌師：〈〈天問〉宇宙神話的考古驗證和文化闡釋〉，《文學遺產》1996 年第 5 期。

〔註36〕 鍾之順：〈由清華簡〈楚居〉再論楚文化與商文化的關係——兼及對楚人始居地的思考〉，《邯鄲學院學報》2012 年第 2 期。

〔註37〕 黃靈庚：《楚辭與簡帛文獻》，人民出版社 2011 年版。

「只」等《楚辭》重要語彙進行了新的詮釋〔註38〕。楚辭中的「亂」，不少學者已經結合古文字材料進行討論〔註39〕，清華簡〈周公之琴舞〉亦見及相關材料。上博簡第七冊〈凡物流形〉，其前半部分與〈天問〉相似，但與楚辭體文獻無關，應當視作黃老學派的作品，筆者在《下編》有關篇章會作專門討論。上博簡第八冊所公佈的四篇楚辭類文獻，則是關於楚辭的完整的新材料，需要引起我們的重視。

　　上博簡第八冊的楚辭類文獻包括〈李頌〉、〈蘭賦〉、〈有皇將起〉、〈鶹鷅〉四篇，是由曹錦炎先生整理的〔註40〕。關於這四篇楚辭類文獻，古文字與出土文獻領域的學者已作了初步探討，但古典文學領域（包括楚辭學界）的學者對這批楚辭新材料關注無多。針對這四篇楚辭類文獻，筆者在參覈諸家說法的基礎上，就簡文進行了全面的疏證。筆者發現這批楚辭類作品尚有很大的發掘空間，尤其是在文學史方面的價值，尤爲顯著。整理者已經作了精審的校釋，但仍有若干疑牾有待澄清。其中〈李頌〉的擬題名不副實，其歌詠對象實際上爲梧桐；〈有皇將起〉與〈鶹鷅〉至少在形制、字跡上關聯密切，內容的聯繫有待進一步研究。這四篇文獻，除了〈蘭賦〉以外，其他三篇均以語氣詞「兮」或「今兮」貫穿始終，整理者將四篇視作楚辭體文獻，至少從廣義的「楚辭」角度看，是完全可以成立的。保守點說，四篇文獻都是楚文字所書的戰國辭賦。上博簡下葬的年代，大約在公元前400年至公元前300年之間，當戰國中期〔註41〕，李零先生認爲這四篇文獻不一定晚於屈原〔註42〕，曹錦炎先生認爲這四篇文獻屬於屈原之前的「楚辭」〔註43〕，事實上，並沒有十分確鑿的證據指明這四篇文獻的創作年代一定在屈原之前。如果這四篇文獻確實較屈原的作品原始，它們無疑具有極高的文獻學與

〔註38〕　曹錦炎：〈楚辭新知〉，《簡帛》第6輯，上海古籍出版社2011年版，第307～312頁；魏慈德：〈試論楚簡中「兮」的讀音〉，《古文字研究》第29輯，中華書局2012年版，第713～717頁。

〔註39〕　曹錦炎：〈楚辭新知〉，《簡帛》第6輯，上海古籍出版社2011年版，第307～312頁；徐廣才：〈《楚辭》「亂曰」探源〉，《「中國文字學會第七屆年會」論文集》，吉林大學，2013年9月。

〔註40〕　參見《上海博物館藏戰國楚竹書（八）》（上海古籍出版社2011年版）一書。在整理報告發佈之前，整理者曹錦炎先生業已在《文物》2010年第2期發表〈上海博物館藏戰國竹書《楚辭》〉一文予以簡介。

〔註41〕　李零：《簡帛古書與學術源流》，生活·讀書·新知三聯書店2007年版，第354頁。

〔註42〕　同上。

〔註43〕　曹錦炎：〈上海博物館藏戰國竹書《楚辭》〉，《文物》2010年第2期。

文學史價值，以下試舉其要：

1. 這四篇文獻首先涉及的是早期楚辭的問題。一般認爲，「楚辭」由天才詩人屈原在「作楚聲」的楚地歌辭基礎上創造出的文體，如果上博簡第八冊所見四篇文獻早於屈原作品，那麼在屈原之前已然有比較成熟的楚辭體文獻流傳。從這四篇文獻看，已是上層貴族的自覺創作，而非政教的附庸抑或民歌。

2. 《楚辭·九章·橘頌》與屈原的其他作品不甚相似，內容以詠物爲特徵，句式以四言爲主，乃至有學者認爲〈橘頌〉並非屈原作品。此外，大多數學者認爲〈橘頌〉是屈原的早期作品。我們看到，〈李頌〉一篇也是以四言爲主，詠物爲特徵。除了〈李頌〉，〈蘭賦〉、〈鶹鷅〉亦是詠物或託物言志。四言的體式出現較早，在《詩經》中很常見，詠物的題材在《詩經》中也有出現。當然，這並不意味著楚辭就是脫胎自《詩經》的。但通過這些早期楚辭，我們的確能看到詩體賦的影子。所謂的詩體賦，體現於荀子賦以及屈原賦的〈天問〉，在〈橘頌〉與〈李頌〉中也有反映。通常學者認爲詩體賦是較古老的體式，且流傳於北方；楚辭或者說騷體賦作爲南方的文體，其形成或晚於詩體賦，二者的流傳亦有空間的差異。楚辭作爲大、小傳統融合的產物〔註44〕，表現出複雜的面貌。

3. 成熟的楚辭體以屈賦強烈的抒情色彩爲特徵，這在目前所見較早的楚辭體文獻中似乎很難看到。屈原對於楚辭的貢獻，很可能在於融入了自己的情感體驗與生命意識。也正因爲如此，屈原筆下眞正帶有主體性、自覺性的創作構成了先秦詩賦的轉捩點〔註45〕。

4. 〈蘭賦〉被視作賦體，或是賦的萌芽。古人有詩賦同源的認識，賦爲詩之流亞，楚辭爲賦的形成奠定了重要基礎。李零先生指出，至少在漢代，當時的人們並不把楚辭當作「賦」以外的另一種文體，楚辭是「賦」的地方性文體，即南方人的賦〔註46〕。在〈蘭賦〉中，也用了不少四言句式。在看待屈原賦、荀賦、宋玉賦等的關係時，我們需要進一步結合新材料和賦的演

〔註44〕江林昌師：〈詩的源起及其早期發展變化——兼論中國古代巫術與宗教有關問題〉，《中國社會科學》2010年第4期。

〔註45〕陳民鎮：〈孟子「詩亡然後《春秋》作」解詁——兼論中國早期史學的轉捩與清華簡〈繫年〉（上）〉，臺灣《孔孟月刊》第50卷第11、12期，2012年8月。

〔註46〕李零：《簡帛古書與學術源流》，生活·讀書·新知三聯書店2007年版，第353頁。需要指出的是，揚雄《法言·吾子》所謂「詩人之賦」、「辭人之賦」的區別還是能看出屈原賦與屈原之後辭賦作品的差異。

變脈絡、地域差異進行考察〔註 47〕。

5. 從目前的材料看，我們似乎能對這四篇文獻定一個大致的文學史座標，那便是作爲早期楚辭，反映了詩體賦向騷體賦的過渡，楚辭由詠物向抒情的過渡〔註 48〕。當然，限於材料，有待進一步討論。可以肯定的是，這四篇文獻作爲詠物辭賦的集體亮相，揭啓了中國古代詠物文學的序幕。

6. 這四篇文獻，作爲早期楚辭，爲楚辭提供了意象資源、修辭借鑒、形式淵源等。在意象運用方面，香草－穢草、善鳥－惡禽的對立模式已經出現。如〈李頌〉歌詠梧桐，而與「眾木」、「榛棘」、「它木」等相映襯，此外鳳凰與其他凡鳥也形成對比；〈蘭賦〉以幽蘭爲正面意象，而以稊稗、螻蟻、虺蛇爲反面意象；〈有皇將起〉出現惡木的意象；〈鶹鶒〉則出現惡鳥。楚辭的標誌性語氣詞「兮」，已經在早期楚辭中得到成熟運用。〈有皇將起〉和〈鶹鶒〉更是出現了前所未知的「含（今）兮」。

7. 從思想淵源看，這四篇楚辭類文獻與後來的楚辭也有線索可尋。饒宗頤先生強調「騷言志」〔註 49〕，司馬遷所謂「悲其志也」（《史記·屈原賈生列傳》），也是強調楚辭之「志」。〈李頌〉與〈蘭賦〉均託物言志，所言之「志」與屈原所追求的高尚人格、堅貞品質是一致的。對於「君子」意識的體認，也是一脈相承的。此外，〈李頌〉中「旟冬之祁寒」一句與《禮記·緇衣》相合，〈有皇將起〉中「遊於仁」的表述近於《論語·述而》的有關句子，此前饒宗頤先生討論過屈原作品吸收經書語言的情況〔註 50〕，楚辭與儒家經典的關係耐人尋味。

〔註 47〕　先秦賦的情況，趙逵夫、伏俊璉等先生作過許多討論，可以參看。

〔註 48〕　湯漳平先生認爲：「這四篇辭作似皆可視爲《詩經》到楚辭體過渡的作品，或以四言爲主，或『重章複唱』，和傳世的屈宋辭作在學術上還是有一定距離。因此，如果猜想不錯的話，它應當是早於傳世的《楚辭》的作品。從這裏也可以看出從《詩經》到《楚辭》的發展脈絡。其間的傳承關係之線索，由是而清晰可辨了！」參見氏著〈從出土文獻看《詩》《騷》之承傳〉，《中州學刊》2013 年第 2 期。

〔註 49〕　參見氏著〈騷言志說——附「楚辭學及其相關問題」〉，*Bulletin de l′École française d′Extreme-Orient*（À La Mémorie de Paul Demiéville 1894~1979）《戴密微教紀念論文集》，Tome LXIX，Paris：École française d′Extrême-Orient，1981.收入《文轍——文學史論集》上冊、《饒宗頤二十世紀學術文集》（卷十一·文學）。

〔註 50〕　參見氏著〈屈原與經術〉，原爲饒公在香港中文大學聯合書院的演講，由李達良筆記。收入《文轍——文學史論集》上冊、《饒宗頤二十世紀學術文集》（卷十一·文學）。以《楚辭》比附經典，要追溯到王逸。

上編　上博簡楚辭類文獻集釋

凡　例

一、本集釋是針對《上海博物館藏戰國楚竹書》第八冊（上海古籍出版社 2011
　　年 5 月版）所公佈的〈李頌〉、〈蘭賦〉、〈有皇將起〉、〈鶹鵜〉四篇楚辭
　　類文獻的集釋及解析。按照我們的看法，〈李頌〉與「李」無涉，宜易名
　　作〈桐頌〉；〈有皇將起〉與〈鶹鵜〉則關聯密切。

二、除〈有皇將起〉尚包括「編聯」部分外，各篇由「題解」、「釋文」、「韻
　　讀」、「集釋」四部分組成。

三、「題解」部分是陳民鎮就相應篇章概況、詩旨、藝術性等方面所作解析。

四、「編聯」部分涉及學者對〈有皇將起〉、〈鶹鵜〉編冊、簡序的探討，二者
　　或存在聯繫，但目前囿於材料，未能遽定。

五、「釋文」係在整理者釋文的基礎上，參酌諸家說法以及我們的理解所擬定
　　的，個別地方存疑視之，不強為之解。釋文提供三個版本，一是嚴式釋
　　文，二是寬式釋文，三是整理者原釋文。我們的釋文與整理者原釋文存
　　在較多出入，詳見「集釋」相關部分的考釋。

六、「韻讀」是基於我們擬定釋文的韻部分析。

七、「集釋」部分的具體做法是，將釋文拆分成句，每句之下示列「句解」以
　　及字詞的集釋。「句解」概述對全句釋讀、斷句以及理解的代表性看法。
　　字詞的集釋以詞或短語為單位，基本以發表時間先後為序羅列諸家觀
　　點。以上工作由鍾之順負責。「陳按」指陳民鎮按語，若無特別按語，則
　　意味著暫時認同或基本認同整理者的說法。此外境外文獻及會議論文或
　　有遺漏者，掛一漏萬，既是遺珠之憾，也是我們未能進一步學習、補闕
　　的遺憾。

八、釋文的缺字以「□」代替，可知的補字加以「〔　〕」號，通假字、古今
　　字、異體字則以「（　）」號附於隸定的文字之後，誤字以「〈　〉」表示。
　　集釋所引諸家觀點，在文字、符號的使用上也儘量進行統一。

一、〈桐頌（李頌）〉集釋

（一）題　解

　　本篇原無篇題，係楚辭體作品，整理者曹錦炎先生擬題作〈李頌〉。然從全篇看，本篇是對梧桐的歌頌，與李樹無涉，宜易名作〈桐頌〉。

　　整理者指出，本篇共有簡 3 支，由於第 1 支簡爲本卷冊最後一支，正面寫滿後，因已無抄寫餘地，所以只好再從背面接抄文字，而第 2、第 3 支簡亦即爲全卷倒數第 2、第 3 支簡的背面（其正面所抄正是上博簡第八冊所收〈蘭賦〉），這種情況從目前出土的楚簡中尚屬首次發現，可見此卷是先編聯成冊後再抄寫文字內容；完簡長度約 53 釐米，書寫字數爲 57 字，全篇共計 172字，其中重文 1 字；編繩 3 道〔註1〕。復旦吉大古文字專業研究生聯合讀書會指出，〈李頌〉、〈蘭賦〉與上博五〈鬼神之明・融師有成氏〉三者竹簡形制十分相近，從字跡看，亦爲同一抄手所寫，字跡風格爲典型楚系文字風格，筆畫圓潤流暢〔註2〕。

　　關於本篇內容，整理者認爲，「本篇內容是以李樹爲歌頌對象。辭中以『素府宮李』即普通人家園子裏的李樹，與作爲『官樹』的桐樹作對比。強調桐樹之怡然，地位之崇高，『剗外置中，眾木之紀』，『鵬鳥之所集』。而李樹被視作『木異類』，『獨生榛棘之間』，並受『亂木曾枝，侵毀章』的對待。

〔註 1〕　馬承源主編：《上海博物館藏戰國楚竹書（八）》，上海古籍出版社 2011 年版，第 229 頁。

〔註 2〕　復旦吉大古文字專業研究生聯合讀書會：〈上博八〈李頌〉校讀〉，復旦大學出土文獻與古文字研究中心網站，2011 年 7 月 17 日。另參見李松儒〈戰國簡帛字跡研究〉，吉林大學博士學位論文，2012 年 4 月。

雖然冷落並遭受排擠，但李樹卻能『互植兼成，欵其不還，深利終逗，夸其不貳』，堅持做到『守勿強悍，木一心』，『違與他木，非與從風』，不隨世風所趨。並借詩人之口『謂群眾鳥，敬而勿集』，表達其敬仰之情」，體現了春秋戰國時期上層知識分子追求高尚品格的一種「君子」心態，同時作者借此抒發自己獨立忠貞而又被視爲異類之情感，其與屈原作品及其所反映的思想，有異曲同工之妙，很有可能，屈原正是從這些早期的楚辭作品中汲取營養，以他的優異才華，創作出一系列不朽的楚辭作品〔註3〕。徐伯鴻先生曾指出「桐亦名椅。椅，梓也。桐是梓中的一種；鼠李一名鼠梓，也是梓中的一種。這『桐』與『李』皆爲『梓』，然品格各異……這一點，也許向我們透露出這篇東西的篇名何以叫做〈李頌〉了」〔註4〕。黃浩波先生認爲：「李、梓皆可寫作杍。且李從子得聲，梓從宰得聲，二字俱在之部。〈李頌〉其實是〈杍頌〉，即〈梓頌〉。」〔註5〕復旦吉大讀書會認爲，整篇簡文與「李」無關，而是詠「桐」的一篇小賦〔註6〕。王寧先生指出：「《上博八・李頌》是一篇辭賦，內容是讚頌桐樹的美善之質……是通過讚頌桐樹來讚美聖人賢才之美德，用的是一種隱喻的方式，形式與屈原的〈橘頌〉相似。」〔註7〕魯鑫先生認爲這篇韻文似以改題爲〈桐頌〉或〈桐賦〉更爲恰當〔註8〕。季旭昇先生指出，徐伯鴻先生以爲「桐」、「李」俱名爲「梓」，因而本篇實爲〈梓頌〉，其說誤據草木異名，文字異形、譌字，牽引爲一，以之解說本篇，無法貫通全文；本篇以桐、李對舉，詠桐而貶李，改名〈桐頌〉，較能名實相符〔註9〕。可以明

〔註3〕 曹錦炎：〈上海博物館藏戰國竹書《楚辭》〉，《文物》2010 年第 2 期；馬承源主編：《上海博物館藏戰國楚竹書（八）》，上海古籍出版社 2011 年版，第 229 頁。

〔註4〕 徐伯鴻：〈要想理解「剗外置中」，先得辨析「桐」爲何樹〉，復旦大學出土文獻與古文字研究中心網站論壇「學術討論」，2011 年 3 月 16 日。

〔註5〕 黃浩波：〈讀上博八〈杍頌〉箚記〉，武漢大學簡帛研究中心網站，2011 年 8 月 23 日。

〔註6〕 復旦吉大古文字專業研究生聯合讀書會：〈上博八〈李頌〉校讀〉，復旦大學出土文獻與古文字研究中心網站，2011 年 7 月 17 日。

〔註7〕 王寧：《上博八・李頌》閑詁〉，武漢大學簡帛研究中心網站，2011 年 8 月 25 日。

〔註8〕 魯鑫：〈上博八〈李頌〉綴釋〉，復旦大學出土文獻與古文字研究中心網站，2013 年 6 月 8 日。

〔註9〕 季旭昇：《上海博物館藏戰國楚竹書（八）・桐頌》考釋〉，《中央研究院歷史語言研究所集刊》第 84 本第 4 分，2013 年 12 月，第 654 頁。另參見該文初稿《上海博物館藏戰國楚竹書（八）》詠物賦研究〉，《第二十三屆「中國文字學會國際學術研討會」論文集》，臺灣靜宜大學，2012 年 6 月。

確的是，本篇當是詠桐之作，題作〈李頌〉顯然名不副實。

　　本篇緊扣梧桐而歌，結合內容與押韻情況，大抵可分爲以下幾個層次：

　　第一層次自「相吾館（？）樹」至「竢時而作兮」，是對梧桐整體形象的速寫。梧桐無節直生，木質輕軟，這些卓絕的特質使它能夠領袖群樹。梧桐耐寒（這與事實不盡相符），是鳳鳥所棲止的高貴樹木。這一層次敘寫梧桐的整體形象，梧桐的崇高形象已經呼之欲出。

　　第二層次自「木斯獨生」至「浸毀丨兮」，是對梧桐品性的進一步描述。梧桐生於榛棘之間，它的卓爾不群，與周圍的平庸樹種形成鮮明對比。它生長迅速，枝葉繁茂，它的根系深扎，剛直不屈。其他雜樹的亂根錯節，對其構成威脅。但梧桐仍兀自傲立，亢直如一。這一層次已經上升到對梧桐精神特性的歌頌。

　　第三層次自「嗟嗟君子」至「民之所好兮」，進一步讚頌梧桐的卓爾不群。梧桐與其他樹木一道生長，卻擁有獨特的品性。就連普通的鳥群，都不敢隨意在梧桐樹上棲息。它出類拔萃，氣度非凡，在開花的時節，更是光艷奪目。

　　第四層次自「守物強幹」至「非與從風兮」，強調梧桐堅守自我高尚品性，不隨波逐流，與媚俗之流形成對立。

　　總體而言，全詩讚頌梧桐的高潔品質，強調其卓爾不群、堅守自我、獨立忠貞的品性。這是一首詠物小賦，作者託物言志〔註10〕，通過梧桐寄寓自身的道德理想。這與屈原〈橘頌〉所反映的「蘇世獨立」的精神是極爲一致的。

　　作者對梧桐的歌頌，建立在狀物的基礎之上。而「斷外疏中」、「亟植兼成」、「深利終（？）豆」等語，極爲準確地反映出梧桐的特徵，可以看出作者敏銳的觀察力。而如果脫離梧桐的這些屬性，我們對文義的理解勢必也產生困擾。

〔註10〕　季旭昇先生指出，全篇詠梧桐而無一語明言君子，爲典型之詠物寄託之作。修辭學上屬於全篇借喻。以下爲詳細說明：「搏外疏中」——喻外表修飭、內在謙和；「晉冬之祁寒，燥其方落」——喻君子不畏懼環境惡劣；「鳳鳥之所集，竢時而作」——喻君子同類相求，修己待時；「木斯獨生，榛棘之間」——喻君子慎獨，不爲環境所污染；「亟植速成，昂其不還」——喻君子求若渴，求義不回；「深庋堅豎，亢其不貳」——喻君子高潔守義，不移志節；「亂本層枝，浸毀損丨」——反諷小人嫉毀君子；「素府宮李，木異類兮。願歲之啓時，使乎樹秀兮。豐華重光，民之所好兮」——反諷小人媚俗。參見氏著〈《上海博物館藏戰國楚竹書（八）‧桐頌》考釋〉，《中央研究院歷史語言研究所集刊》第84本第4分，2013年12月，第686頁。

作者以「眾木」、「榛棘」、「它木」等意象與梧桐作對比，將「鳳鳥」與「群眾鳥」作對比，通過映襯烘託，梧桐的形象得以昇華。此外，本篇描寫細緻，詞句華美，諸如「嫗植兼成，厚（？）其不還兮；深利終（？）豆，宄其不貳兮」這樣的句子對仗嚴整，具有較高的藝術性。

自先秦開始，梧桐便作爲高貴的樹種、象徵芳潔的意象出現於詩文中。《詩經·大雅·卷阿》云：「鳳凰鳴矣，于彼高岡。梧桐生矣，于彼朝陽。」《詩經·小雅·湛露》：「其桐其椅，其實離離。」《詩經·鄘風·定之方中》：「樹之榛栗，椅桐梓漆，爰伐琴瑟。」《楚辭·九辯》云：「白露既下百草兮，奄離披此梧楸。」「梧」指梧桐〔註11〕。後世詩文亦沿承梧桐意象的意涵。如司馬彪〈贈山濤〉：「苕苕椅桐樹，寄生於南嶽。」後世詩賦對梧桐的描寫，亦多有與〈李頌〉相似者。

《太平御覽》九百五十六引《瑞應圖》曰：「王者任用賢良，則梧桐生於東廂。」《太平御覽》九百五十六引《禮斗威儀》曰：「君乘禍獰嚢王，其政平，梧桐爲常生。」是將梧桐與舉賢、美政相聯繫。這些材料晚出，未可盡信。然聯繫屈賦的美政思想，〈李頌〉作者亦或有這一層深意。與之同抄的〈蘭賦〉，便反映了賢才與機遇的辯證關係。

作者強調梧桐「違與它木，非與從風」，實際上便是屈原「蘇世獨立」的理想。在同抄的〈蘭賦〉中，也體現出了這一思想傾向，只不過〈蘭賦〉更注重通過蘭與稊稗、螻蟻、虺蛇的對立，凸顯其幽獨的一面。《楚辭》的有關作品亦一再強調個人意志與世俗世風的關係。如〈離騷〉：「謇吾法夫前修兮，非世俗之所服。……固時俗之工巧兮，偭規矩而改錯。……委厥美以從俗兮，苟得列乎眾芳。……固時俗之流從兮，又孰能無變化？」《惜誦》：「行不群以巔越兮，又眾兆之所咍。」〈涉江〉：「吾不能變心而從俗兮，固將愁苦而終窮。」〈思美人〉：「欲變節以從俗兮，媿易初而屈志。」〈九辯〉：「何時俗之工巧兮？滅規矩而改鑿！」〈惜誓〉：「俗流從而不止兮，眾枉聚而矯直。」〈沈江〉：「世從俗而變化兮，隨風靡而成行。」

整理者將本篇與《楚辭·九章·橘頌》相聯繫，是極有見地的。按〈橘頌〉被視作屈原的早期作品，結合〈李頌〉以及同輯的〈蘭賦〉、〈鶹鷅〉，可知這種詠物言志的形式當是早期楚辭作品的特點，屈原的一大貢獻當是融入

〔註11〕 姜亮夫：《楚辭通故》第 3 輯，《姜亮夫全集（三）》，雲南人民出版社 2002 年版，第 484 頁。

了更多個人抒情的因素。此前有學者質疑〈橘頌〉的形式與屈賦不類，進而否定其爲屈原的作品。〈李頌〉的發現，無疑豐富了我們對早期楚辭作品的認識，同時也有助於我們進一步認識〈橘頌〉。〈李頌〉與〈橘頌〉，在句法、結構、修辭、用詞以及所包孕的思想等方面，均有相似之處。尤其是意義相近的句子，如〈李頌〉中的「深利終（？）豆，亢其不貳兮」與〈橘頌〉「深固難徙，更壹志兮」，〈李頌〉中的「亂本曾枝」與〈橘頌〉的「曾枝剡棘」，〈李頌〉中的「守物強幹，木一心兮」與〈橘頌〉的「受命不遷」、「更壹志兮」、「蘇世獨立，橫而不流兮」，〈李頌〉的「木異類兮」與〈橘頌〉的「嗟爾幼志，有以異兮」，均可互爲參驗。王逸說〈橘頌〉中的橘「樹異於眾木」，即本篇所謂「木異類兮」。

（二）釋　文

嚴式釋文：

　　梍（相）虗（吾）官（館？）梪（樹），桐虗（且）忌（治？）可（兮）。劃（斷）外毘（疏）审（中），眾木之絽（紀）可（兮）。旊各（冬）之旨（祁）倉（寒），梟亓（其）方荅（落）可（兮）。嬰（鳳）鳥之所寀（集），妃（竢）旹（時）而俊（作）可（兮）。

　　木斯蜀（獨）生，秝（秦－榛）朸（棘）之閒（間）可（兮）。死（亟）植兼成，砢（厚？）亓（其）不還可（兮）。深利【1】冬（終？）豆，奆（亢）亓（其）不弍（貳）可（兮）。鬫（亂）本曾枳（枝），淊（浸）劓（毀）｜可（兮）。

　　差＝（嗟嗟）君子，觀虗（吾）梪（樹）之蓉（容）可（兮）。幾（豈）不皆（偕）生，則不同可（兮）。胃（謂）群眾鳥，敬而勿寀（集）可（兮）。索（素）府宮莝（理？），木異穎（類）可（兮）。忢（願）戨（歲）之啓時，思（使）虗（吾）【1背】梪（樹）秀可（兮）。豐芋（華）繿（重）光，民之所好可（兮）。

　　戙（守）勿（物）弜（強）樌（幹），木一心可（兮）。愇（違）與佗（它）木，非與從風可（兮）。

　　氐（是）古（故）聖人兼此和勿（物）呂（以）莝（理）人情，人因亓（其）情則樂亓（其）事，遠亓（其）情【2】

　　氐（是）古（故）聖人兼此【3】

寬式釋文：

相吾館（？）樹，桐且治（？）兮。斷外疏中，眾木之紀兮。牌多之祁寒，槀其方落兮。鳳鳥之所集，竢時而作兮。

木斯獨生，榛棘之間兮。亙植兼成，厚（？）其不還兮。深利終（？）豆，亢其不貳兮。亂本曾枝，浸毀丨兮。

嗟嗟君子，觀吾樹之容兮。豈不偕生，則不同兮。謂群眾鳥，敬而勿集兮。素府宮理（？），木異類兮。願歲之啓時，使吾樹秀兮。豐華重光，民之所好兮。

守物強幹，木一心兮。違與它木，非與從風兮。

是故聖人兼此和物以理人情，人因其情則樂其事，遠其情

是故聖人兼此

整理者釋文：

相虗（吾）官桓（樹），桐虗（且）㤅（怡）可（兮）。剚（剸）外罜（置）宷（中），眾木之絽（紀）可（兮）。牌（寒）各（多）之旨（耆）倉（滄），槀（燥）亓（其）方荅（落）可（兮）。鼺（鵬）鳥之所寠（集），妃時（時）而佼（作）可（兮）。木斯蜀（獨）生，秦（榛）朸（棘）之 （閒）可（兮）。互植兼成，欥（欼）亓（其）不還可（兮）。深利多（終）豆（逗），夸亓（其）不弍（貳）可（兮）。鼺（亂）木曾枳（枝），潚剉（毀）丨可（兮）。差＝（嗟嗟）君子，觀（觀）虗（吾）桓（樹）之蓉（容）可（兮）。幾（豈）不皆生，則不同可（兮）。胃（謂）群眾鳥，敬而勿寠（集）可（兮）。索（素）府宮李（李），木異頪（類）可（兮）。忨（願）戝（歲）之啓時，思虗（吾）桓（樹）秀可（兮）。豐芌（華）縺（繦）光，民之所好可（兮）。猷（守）勿劈（強）槤（桿），木一心可（兮）。惲（違）與他木，非與從風可（兮）。

氏（是）古（故）聖人兼此，呋勿（物）㠯（以）李（李）人情。人因丌（其）情，則樂丌（其）事，遠丌（其）情。

氏（是）古（故）聖人兼此。

（三）韻　讀

相吾館（？）樹，桐且治（？・之部）兮。斷外疏中，眾木之紀（之

部）兮。牌冬之祁寒，槀其方落（鐸部）兮。鳳鳥之所集，竢時而作（鐸部）兮。

　　木斯獨生，榛棘之間（元部）兮。瓯植兼成，厚（？）其不還（元部）兮。深利終（？）豆，亢其不貳（脂部）兮。亂本曾枝，浸毀｜（？）兮。

　　嗟嗟君子，觀吾樹之容（東部）兮。豈不皆（偕）生，則不同（東部）兮。謂群眾鳥，敬而勿集（緝部）兮。素府宮理（？），木異類（物部）兮。願歲之啓時，使吾樹秀（幽部）兮。豐華重光，民之所好（幽部）兮。

　　守物強幹，木一心（侵部）兮。違與它木，非與從風（侵部）兮。

　　是故聖人兼此和物以理人情，人因其情則樂其事，遠其情

　　是故聖人兼此

　　說明：復旦吉大古文字專業研究生聯合讀書會已有初步分析。

（四）集　釋

1. 梎（相）虖（吾）官（館？）桓（樹），桐虞（且）忌（治？）可（兮）。

　　（1）句解

　　該句整理者釋作「相虖（吾）官桓（樹），桐虞（且）忌（怡）可（兮）」〔註12〕，復旦吉大古文字專業研究生聯合讀書會作「梎（相）虖（乎）官（棺）桓（樹），桐虞（且）怠（治）可（兮）」〔註13〕，季旭昇先生作「梎（相）虖（吾）官（館）桓（樹），桐虞（且）忌（治）可（兮）」〔註14〕，筆者暫從之。諸家對本句的理解有分歧，或指作者察看館中之樹，桐樹已然成材，可以修治，以此起興引入詠桐的主題。

　　（2）梎

　　整理者：「相」，觀察，審視。《說文》：「相，省視也。從目、從木。《易》曰：『地可觀者莫可觀於木。』」《楚辭・離騷》：「瞻前而顧後兮，相觀民之計

〔註12〕馬承源主編：《上海博物館藏戰國楚竹書（八）》，上海古籍出版社 2011 年版，第 231 頁。

〔註13〕復旦吉大古文字專業研究生聯合讀書會：〈上博八〈李頌〉校讀〉，復旦大學出土文獻與古文字研究中心網站，2011 年 7 月 17 日。

〔註14〕季旭昇：〈《上海博物館藏戰國楚竹書（八）・桐頌》考釋〉，《中央研究院歷史語言研究所集刊》第 84 本第 4 分，2013 年 12 月，第 652 頁。

極。」「悔相道之不察兮，延佇乎吾將反。」王逸注：「相，視也。」〔註15〕

（3）虗

整理者：「虗」，從「壬」，「虍」聲，楚文字用爲「吾」，非楚系文字往往借「鱻」爲之。第一人稱代詞。〔註16〕

王寧：吾，原字上虍下壬，即從壬虍（虎）聲，讀書會括讀爲「乎」，然楚簡一般用爲第一人稱代詞的「吾」，此亦當是「吾」，下同。〔註17〕

季旭昇：戰國楚文字「虗」字可讀爲「吾」，如《上博一·孔子詩論》簡6「〔濟濟〕多士，秉文之德，虗（吾）敬之」之「虗」讀「吾」；《上博二·魯邦大旱》簡1「邦大旱，毋乃失諸刑與德虗（乎）」之「虗」讀「乎」。但是前者多見，後者少見。以文義而言，讀爲「相吾官樹」或「相乎官樹」，都可以通。但讀爲「相吾」，作者與歌詠對象的關係比較親近；讀爲「相乎」，作者與歌詠對象的關係比較疏遠，因此本文讀「虗」爲「吾」。〔註18〕

陳按：筆者曾從復旦吉大讀書會讀作「乎」〔註19〕，認爲本篇所有的「虗」都當讀作「乎」。楚簡文字中「虗」既可讀作「乎」也可讀作第一人稱代詞「吾」，而後者出現的機率要大得多。「虗」讀作「乎」在本句中也可通，在屈原賦中是常見的語氣詞用法。通覽全篇，「虗」出現於如下句子：

（1）槻（相）　官（館？）桓（樹），桐虗（且）怠（治？）可（兮）。

（2）差＝（嗟嗟）君子，觀　桓（樹）之蓉（容）可（兮）。

（3）恧（願）歲之啓時，思（使）　桓（樹）秀可（兮）。

關鍵在於第三句，「思」讀作「使」最爲順暢，也是楚簡文字中很常見的用法，照應前文的「願」。後面若接「乎」，則文義不是很暢通。故本句的「虗」最有可能讀作「吾」，此處「吾樹」又可相應代入第一句和第二句，可知作者所詠之桐乃作者所有，「吾樹」之稱出自作者親切的口吻。

〔註15〕馬承源主編：《上海博物館藏戰國楚竹書（八）》，上海古籍出版社2011年版，第231頁。

〔註16〕同上。

〔註17〕王寧：《上博八·李頌》通讀，簡帛研究網站，2011年10月18日。

〔註18〕季旭昇：《上海博物館藏戰國楚竹書（八）·桐頌》考釋，《中央研究院歷史語言研究所集刊》第84本第4分，2013年12月，第655～656頁。季先生初稿讀作「乎」。

〔註19〕陳民鎮：〈上博簡（八）楚辭類作品與楚辭學的新認識——兼論出土文獻與中國古典文學研究的關係〉，《邯鄲學院學報》2013年第3期。

（4）官桓

整理者：「官」，公，公有，與「私」相對。《大戴禮記・千乘》「是以母弟官子咸有臣志」，王聘珍《解詁》：「官，猶公也。」《漢書・蓋寬饒傳》引《韓氏易傳》：「五帝官天下，三王家天下。家以傳子，官以傳賢。」「桓」，讀爲「樹」。《說文》：「侸讀若樹。」是從「豆」聲之字可讀「樹」之證。郭店楚簡〈性自命出〉「剛之桓（樹）也，剛取之也」，〈語叢三〉作「彊（強）之尌（樹）也，彊（強）取之也」，「尌」即「尌」字，「尌」、「樹」古今字（參看李天虹《〈性自命出〉研究》），此「桓」可讀「樹」之例。樹，木本植物的總稱。《說文》：「樹，生植之總名。」《楚辭・九章・橘頌》「后皇嘉樹」、《楚辭・招隱士》「桂樹叢生」、《楚辭・九思・憫命》「庇蔭兮枯樹」，「樹」字皆爲「樹木」之意。《禮記・祭義》：「樹木以時伐焉。」「官樹」，指屬於國家的或公家的樹。《晉書・陶侃傳》：「（侃）嘗課諸營種柳，都尉夏施盜官柳植之於己門。」即以「官柳」指公家種植的柳樹。後世也有稱官道旁公家所植的樹爲「官樹」，如耿湋〈路旁老人〉詩：「老人獨坐倚官樹，欲語潸然淚便垂。」〔註20〕

復旦吉大古文字專業研究生聯合讀書會：桐木多用來作棺木，如《左傳》哀公三年：「桐棺三寸，不設屬辭。」《墨子・節葬下》：「葬會稽之山，衣衾三領，桐棺三寸，葛以緘之。」我們故把「官桓」讀爲「棺樹」。〔註21〕

黃浩波：前句後二字曹先生讀作「官樹」，「官」解爲「公，公有」。曹先生讀法可從而理解恐不確切。顧炎武《日知錄》卷十二「官樹」條：……顧氏此論甚詳，可知「官樹」爲官道旁之樹。由顧氏所引《後漢書・百官志四》：「將作大匠掌修作宗廟、路寢、宮室、陵園土木之功，並樹桐梓之類，列於道側」。及〈史晨饗孔廟後碑〉：「又敕濟井復民飭治桐車馬於濟上，東行道表南北各種一行梓。」可知，古人官樹多種植梓樹。此可進一步證明篇名爲〈梓頌〉。至今，梓樹仍用作行道樹。〔註22〕

天生牙：不知可否讀爲「館」。枚乘〈柳賦〉首句：「忘憂之館，垂條之

〔註20〕馬承源主編：《上海博物館藏戰國楚竹書（八）》，上海古籍出版社 2011 年版，第 231～232 頁。
〔註21〕復旦吉大古文字專業研究生聯合讀書會：〈上博八〈李頌〉校讀〉註 2，復旦大學出土文獻與古文字研究中心網站，2011 年 7 月 17 日。
〔註22〕黃浩波：〈讀上博八〈梓頌〉箚記〉，武漢大學簡帛研究中心網站，2011 年 8 月 23 日。

木。」孔臧〈楊柳賦〉:「……樹之中塘……」王粲〈柳賦〉:「……值嘉木於茲庭……」〔註23〕

王寧:筆者認為此「官」指官署,《禮記‧玉藻》注:「官,謂朝廷治事之處也。」「官樹」即官署中的樹木。因為本篇是讚頌可治事理情的賢才,而此類人物多屬之官署為官吏,故此文的作者以官署中的樹木喻眾官吏,以其中之桐喻官吏中之賢良之才,故此「官樹」當指官署內之樹木。〔註24〕

筆者在〈閑詁〉中解為「官署」。按:現在看釋為「棺」、「官署」都不甚確當,此當讀為館,《易‧隨》「官有渝」,《釋文》:「官,蜀才作館。」《說文》、《玉篇》並云:「館,客舍也。」這裏是指館舍。古代有公館,有私官,《禮記‧曾子問》:「公館復,私館不復。」又載孔子言「自卿大夫士之家曰私館,公館與公所為曰公館」,《疏》謂公館為「公家所造之館」,也指君之舍,《禮記‧雜記上》「大夫次於公館以終喪」,鄭注:「公館,君之舍也。」《疏》謂私館是「非君命所使,私相停舍謂之私館」,指卿大夫之家。本篇的「吾官」即「吾館」,乃文作者所居住之館,故其文中用第一人稱言「吾館」。〔註25〕

季旭昇:讀「官樹」,缺少佐證。但是,讀為「棺樹」,也未必合適。讀為「館樹」,最為合理。但二家並未舉出為何讀書會讀為「棺樹」不可從的理由。本篇詠桐,重點在強調桐樹像高潔之士傲然耿介的性格(與李樹之討好流俗相對),讀「官桓」為「棺樹」,強調「桐」之功能為製作棺木,似難有頌美之義。秦漢以前,典籍所見桐棺多用於薄葬或懲罰,非正常禮制。……先秦以桐為棺,目前還沒有看到任何可靠的證據。

桐是中國歷代都評價很高的樹,《書‧禹貢》徐州「嶧陽孤桐」,傳:「孤,特也。嶧山之陽,特生桐,中琴瑟。」在先秦,琴是知識分子的象徵,《禮記‧曲禮下》:「士無故不徹琴瑟。」又梧能來鳳凰,鳳凰非梧不棲,《詩‧大雅‧卷阿》:「鳳凰鳴矣,于彼高岡。梧桐生矣,于彼朝陽。」這些都說明了桐的屬性高潔,可以種在館舍院落,因此,「相吾官樹」,應可讀為「相吾館樹」。

〔註23〕 參見網友「天生牙」在復旦吉大古文字專業研究生聯合讀書會〈上博八〈李頌〉校讀〉(復旦大學出土文獻與古文字研究中心網站,2011 年 7 月 17 日)一文下的評論,2011 年 9 月 27 日。

〔註24〕 王寧:《〈上博八‧李頌〉閑詁》,武漢大學簡帛研究中心網站,2011 年 8 月 25 日。

〔註25〕 王寧:《〈上博八‧李頌〉通讀》註釋,簡帛研究網站,2011 年 10 月 18 日。

古代館舍院落有種植梧桐，雖然實物資料難以見到，但由文獻相關線索，還可以看到一些訊息。《呂氏春秋・重言》：「成王與唐叔燕居，援梧葉以爲珪，而授唐叔，曰：『余以此封女。』」燕居可以「援梧葉以爲珪」，可見庭院中種有梧桐。晉夏侯湛〈愍桐賦〉：「有南國之陋寢，植嘉桐乎前庭。」唐崔鎮有〈尚書省梧桐賦〉，溫庭筠〈更漏子〉「梧桐樹，三更雨，一葉葉，一聲聲，空階滴到明」，皆宮館庭院種植梧桐之例。《上博八》原考釋也引了郝懿行《爾雅疏》云「樹皆大葉濃陰，青桐尤爲妍美，人多種之以飾庭院」。〔註26〕

陳按：整理者、復旦吉大讀書會、黃浩波等先生之說可疑，讀作「館」的說法最有可能，梧桐一般便植於私家庭院。筆者過去懷疑「官」或可讀作「灌」〔註27〕。不過在確定「椙（相）虘官桓（樹）」的「虘」讀作「吾」之後，「官」讀作「館」的可能性便大大增加了。作者所詠之桐爲作者所有，「館樹」可與之相呼應。

（5）桐

整理者：「桐」，木名。《說文》：「桐，榮也。」古代詩文中一般多指梧桐科的梧桐。〔註28〕

陳按：桐樹（中國梧桐）正是本篇的主題。正如〈橘頌〉，開篇提出歌詠對象。

（6）虘

整理者：「虘」，即「虘」字繁構，楚簡多用爲「且」字或偏旁。《汗簡》所錄古文「且」字亦作「虘」，「組」、「姐」字從「虘」（《說文》也有這方面

〔註26〕季旭昇：〈《上海博物館藏戰國楚竹書（八）・桐頌》考釋〉，《中央研究院歷史語言研究所集刊》第84本第4分，2013年12月，第656～660頁。

〔註27〕「官」與「灌」並隸見紐元部，雙聲疊韻，音近可通。且「官」與「叩」係通用聲素，「觀」與「官」、「觀」與「涫」、「觀」與「館」等俱可相通。《詩經・周南・葛覃》曰：「黃鳥于飛，集于灌木；其鳴喈喈。」毛傳云：「灌木，叢木也。」《詩經・大雅・皇矣》曰：「脩之平之，其灌其栵。」朱熹注云：「灌，叢生者也。」所謂「灌樹」，即「灌木」。《爾雅・釋木》云：「灌木，叢木。」又云：「木族生爲灌。」「灌樹」指叢生的樹木，與下文的「眾木」相近。不過「虘」若讀作「吾」，此說的可能性就很小了。

〔註28〕馬承源主編：《上海博物館藏戰國楚竹書（八）》，上海古籍出版社2011年版，第232頁。

的例子，如「罝」、「退」字《說文》籀文均從「虍」）。且，提挈助詞。〔註29〕

　　單育辰：「桐且怡（治）兮」，「且」亦似可理解為「將要」義。〔註30〕

　　陳按：如果訓作「將要」，「且」是副詞，指桐樹即將修治。此處「且」亦可參看王引之《經傳釋詞》卷八：「且，句中語助也。」

　　（7）怡

　　整理者：「怡」，從「心」、「㠯」聲，即「怡」字（「台」從「㠯」聲），郭店楚簡〈性自命出〉「又（有）丌（其）為人之柬＝（簡簡）女（如）也，不又（有）夫互（恆）怡（怡）之心則縵（漫）」，「怡」亦作「怡」（〈性自命出〉之「㠯」字有學者或釋為「怠」，按上海博物館藏戰國楚竹書本同字則寫作從「心」從「近」，即「忻」字異體，「忻」、「怡」義近）。怡，和悅，快樂。《說文》：「怡，和也。」《儀禮·聘禮》：「下階，發氣怡焉。」《國語·周語下》：「晉國有憂未嘗不戚，有慶未嘗不怡。」引申為安適舒暢、自得之貌。《楚辭·九章·哀郢》：「心不怡之長久兮。」王逸注：「怡，樂貌也。」「怡」字典籍或疊用，如《論語·子路》：「切切偲偲，怡怡如也，可謂士矣。」何晏《集解》引馬曰：「怡怡，和順之兒。」〔註31〕

　　復旦吉大古文字專業研究生聯合讀書會：讀作「治」。〔註32〕

　　侯乃峰：假如首句「官桓（樹）」讀為棺材之「棺」確實可信的話，則隨後的「桐虍（且）怡（治·之部）可（兮）」似可讀為「桐作治兮」。〔註33〕

　　王寧：怡，「怡」字的異構，原整理者讀為「怡」，讀書會括讀為「治」。按：仍當以讀「怡」為是。《爾雅·釋言》「怡，悅也」，《說文》「和也」，《廣雅·釋詁一》「喜也」，字或作「台」，如《史記·太史公自序》「虞舜不台」、「諸呂不台」，「台」即「怡」，令人愉悅、喜歡的意思，約略等同於「賞心悅

〔註29〕同上。
〔註30〕參見單育辰先生在復旦吉大古文字專業研究生聯合讀書會〈上博八〈李頌〉校讀〉（復旦大學出土文獻與古文字研究中心網站，2011 年 7 月 17 日）一文下的評論，2011 年 7 月 18 日。
〔註31〕馬承源主編：《上海博物館藏戰國楚竹書（八）》，上海古籍出版社 2011 年版，第 232 頁。
〔註32〕復旦吉大古文字專業研究生聯合讀書會：〈上博八〈李頌〉校讀〉，復旦大學出土文獻與古文字研究中心網站，2011 年 7 月 17 日。
〔註33〕參見侯乃峰先生在復旦吉大古文字專業研究生聯合讀書會〈上博八〈李頌〉校讀〉（復旦大學出土文獻與古文字研究中心網站，2011 年 7 月 17 日）一文下的評論，2011 年 7 月 17 日。

目」。〈橘頌〉言橘樹「綠葉素榮，紛其可喜兮」，意同。〔註34〕

　　季旭昇：「忌」即「怡」字，可從。但讀爲「治」於簡文較合適。治，指種植修治。有關梧桐種植之法，陳翥《桐譜》述之甚詳。〔註35〕

　　陳按：整理者之說可備一解。復旦吉大讀書會認爲讀作「治」，則是基於「棺樹」的認識。季旭昇先生亦讀作「治」，但出發點不同。讀作「治」是很有可能的，《莊子·外篇》「我善治木」可以參看，當謂桐樹長成，可以爲材。

　　（8）可

　　整理者：「可」讀爲「兮」。「可」、「兮」皆從「丂」得聲，故可相通。〔註36〕

　　《說文》：「兮，語所稽也。從丂、八，象氣越虧也。」許愼以爲是會意字，從古文字構形分析，「兮」字當是會意兼形聲字，實從「丂」得聲。而「可」字也從「丂」得聲，《說文》：「可，肎也。從口、丂，丂亦聲。」可見「兮」、「可」都是從「丂」音孳生，實出一系。所以，從虛詞的角度去理解，「兮」、「可」兩字可以看作是通假關係。從讀音上去考慮，楚簡中這裏的「可」應當讀爲「呵」。《老子》：「淵兮似萬物之宗」、「荒兮其未央哉」、「儽儽兮若無所歸」、「寂兮寥兮」等諸「兮」字，馬王堆漢墓出土的帛書本皆作「呵」，是「兮」通「可」讀爲「呵」的最好例子。

　　值得注意的是上世紀八十年代安徽阜陽雙古堆出土有漢簡《詩經》，內容屬於《國風》和《小雅》，今本的「兮」字，簡文全部寫作「旖」，即相當於古書用作語氣詞的「猗」（「猗」、「旖」相通例子古書證甚多）。王引之在《經傳釋詞》卷四中曾指出，古書用作語氣詞的「猗」和「兮」是同一個詞。他所引例子如《書·秦誓》「斷斷猗」，《禮記·大學》引作「斷斷兮」；《詩·魏風·伐檀》「河水清且漣猗」，漢石經「猗」作「兮」等，皆其例。從文字構形分析，「旖」、「猗」皆從「奇」聲，而「奇」從「可」得聲，還是屬於「丂」音一系（參見李零《簡帛古書與學術源流》）。

　　如果簡單地從古音角度去看，這即是「jqx」讀爲「gkh」的關係，至今

〔註34〕王寧：〈《上博八·李頌》通讀〉，簡帛研究網站，2011 年 10 月 18 日。
〔註35〕季旭昇：〈《上海博物館藏戰國楚竹書（八）·桐頌》考釋〉，《中央研究院歷史語言研究所集刊》第 84 本第 4 分，2013 年 12 月，第 661 頁。
〔註36〕馬承源主編：《上海博物館藏戰國楚竹書（八）》，上海古籍出版社 2011 年版，第 232 頁。

吳方言中，這樣的例子比比皆是。但是從深層次的角度去想，「兮」字寫作「可（呵）」或「旖（猗）」未必一定是通假關係，它是否與方言用字有關？是否《楚辭》本來都是用「可（呵）」字，今本作「兮」字是後改的？因爲經過漢代的整理，古書的地方差異已失去原貌，我們研究當時的用字規律，往往缺少可靠的前提。所以，我想「兮」字問題還是值得進一步去研究。〔註37〕

2. 劃（斷）外罜（疏）宔（中），眾木之綰（紀）可（兮）。

（1）句解

該句整理者作「劃（剬）外罜（置）宔（中），眾木之綰（紀）可（兮）」〔註38〕，復旦吉大古文字專業研究生聯合讀書會作「劃（摶）外罜（疏）宔（中），眾木之綰（紀）可（兮）」〔註39〕，筆者作「劃（斷）外罜（疏）宔（中），眾木之綰（紀）可（兮）」。全句謂梧桐無節直生，木質輕軟，出類拔萃，領袖群樹。

（2）劃

整理者：「劃」，即《說文》「斷」字古文，亦即「剬」字（《說文》以爲「𠛬」字或體）……「剬」，除了本義爲截斷外，另一義訓爲專擅。……引申爲統領之意。簡文「剬」字用的即是後一義，與下句「眾木之紀」正相呼應。〔註40〕

復旦吉大古文字專業研究生聯合讀書會：今依 yihai 說讀爲「摶」，《楚辭・九章・橘頌》：「曾枝剡棘，圓果摶兮。」王逸注：「楚人名圜爲摶。」見復旦大學出土文獻與古文字研究中心「曹錦炎：上博簡《楚辭》」貼子 yihai 在第 29 樓的發言，http://www.gwz.fudan.edu.cn/ShowPost.asp?ThreadID=2984。

〔註37〕 曹錦炎：〈楚辭新知〉，武漢大學簡帛研究中心網站，2011 年 3 月 14 日。又見武漢大學簡帛研究中心編《簡帛》第 6 輯，上海古籍出版社 2011 年版。

〔註38〕 馬承源主編：《上海博物館藏戰國楚竹書（八）》，上海古籍出版社 2011 年版，第 231 頁。

〔註39〕 復旦吉大古文字專業研究生聯合讀書會：〈上博八〈李頌〉校讀〉，復旦大學出土文獻與古文字研究中心網站，2011 年 7 月 17 日。

〔註40〕 馬承源主編：《上海博物館藏戰國楚竹書（八）》，上海古籍出版社 2011 年版，第 232～233 頁。

〔註41〕

劉雲：梧桐樹的特點是樹幹端直，而樹心中空。如果按照 yihai 先生的說法，將「劃」讀爲「摶」，訓爲圓的話，似不能充分表現出桐樹「違於它木」的特點，因爲一般的樹木樹幹都是圓的。我們認爲「劃外疏中」或可讀爲「端外疏中」。「更」聲字與「耑」聲字古書中多有相通之例（參《漢字通用聲素研究》678～679 頁），讀「劃」爲「端」是沒有問題的。「端」有端直的意思，正符合梧桐樹樹幹端直的特點。而且「端外疏中」也更能體現出作者借梧桐樹所暗喻的君子風範。〔註42〕

黃浩波：前句「摶」如讀書會所訓。〔註43〕

王寧：劃，通摶，圓也。〔註44〕

季旭昇：「劃」讀爲「摶」、讀爲「端」，都可以。桐樹確實也頗端直。讀爲「摶」，釋爲「圓」，固然和桐樹的外形相合，但「圓外疏中」，喻義較弱。似可考慮讀爲「摶」，釋爲「摶實」、「約束」。摶有「固」、「束」之義，參《故訓匯纂》頁 926。「摶外疏中」，「摶」與「疏」相對，喻義較深。〔註45〕

陳按：從刂的「劃」字往往讀作「斷」，而從辶從更的字常通作「傳」、「轉」等字，在用字習慣上似有所區別。不少學者對整理者之說提出質疑，筆者以爲，該字確當讀作「斷」，然整理者及其他學者的理解或有疏誤。要理解「劃外㠯中」一句，需要結合梧桐的品性。李時珍《本草綱目·木部》第三十五卷「梧桐」條下云：「其木無節直生，理細而性緊。」事實上便是「劃外㠯中」的寫照。中國梧桐樹幹無節，向上直生，樹皮平滑翠綠。《廣雅·釋詁四》云：「斷，齊也。」「斷」與「截」、「斬」等同義。《詩經·商頌·長發》云：「相土烈烈，海外有截。」鄭玄箋云：「截，整齊也。」所謂「斷外」，指梧桐外形「無節直生」，樹幹端直。

〔註41〕復旦吉大古文字專業研究生聯合讀書會：〈上博八〈李頌〉校讀〉註4，復旦大學出土文獻與古文字研究中心網站，2011 年 7 月 17 日。

〔註42〕參見劉雲先生在復旦吉大古文字專業研究生聯合讀書會〈上博八〈李頌〉校讀〉（復旦大學出土文獻與古文字研究中心網站，2011 年 7 月 17 日）一文下的評論，2011 年 7 月 18 日。

〔註43〕黃浩波：〈讀上博八〈杍頌〉箚記〉，武漢大學簡帛研究中心網站，2011 年 8 月 23 日。

〔註44〕王寧：〈《上博八·李頌》通讀〉，簡帛研究網站，2011 年 10 月 18 日。

〔註45〕季旭昇：〈《上海博物館藏戰國楚竹書（八）·桐頌》考釋〉，《中央研究院歷史語言研究所集刊》第 84 本第 4 分，2013 年 12 月，第 662 頁。

（3）罡

整理者：「罡」，從「网」，「足」聲，讀爲「置」。古音「置」爲端母職部字，「足」爲精母屋部字，兩者聲母爲準雙聲，韻部爲旁轉，故有通假的可能。置，設置，安置。〔註46〕

復旦吉大古文字專業研究生聯合讀書會：「罡」，整理者隸定爲「罡」，讀爲「置」。按，此字又見於左塚棋局及〈成王既邦〉簡11，因桐木枝幹中空，故曰「罡（疏）中」。〔註47〕

黃浩波：第三字可讀爲「直」。「外」當就梓樹之樹冠而言，梓樹樹冠傘狀，呈現圓形。梓樹主幹與木質紋理皆通直，故「直」言其主幹或言其木之紋理均可。而梓樹木材材質優良，脹縮性小，可知其中心不「疏」，因此，第三字不可訓爲「疏」。〔註48〕

王寧：疏，原字上皿下疋，讀書會括讀爲「疏」。《說文》：「疏，通也。」中，原字上宀下中，同中。搏外疏中，桐樹的樹幹外面是圓形，裏面空心中通，故曰：「疏中」。〔註49〕

季旭昇：「罡」字從「疋」聲，與「置」聲韻關係較遠，義亦較不合；讀爲「疏」較合理，置之簡文，文義亦較合適。〔註50〕

陳按：「罡」字，又見上博簡〈成王既邦〉11，寫作 ，整理者指出從网，疋聲，讀作「疏」〔註51〕。〈李頌〉所見「罡」，整理者認爲從网足聲，讀作「置」，復旦吉大讀書會改讀作「疏」，可從。段玉裁《說文解字注》云：「疋、疏古今字。」從「疋」的字，多有與「疏」相通者〔註52〕。此前所見「疏」字，多從糸從疋。上博簡〈三德〉22亦見及「罡」字，寫

〔註46〕馬承源主編：《上海博物館藏戰國楚竹書（八）》，上海古籍出版社2011年版，第233頁。
〔註47〕復旦吉大古文字專業研究生聯合讀書會：〈上博八〈李頌〉校讀〉註4，復旦大學出土文獻與古文字研究中心網站，2011年7月17日。
〔註48〕黃浩波：〈讀上博八〈杍頌〉箚記〉，武漢大學簡帛研究中心網站，2011年8月23日。
〔註49〕王寧：《〈上博八·李頌〉通讀》，簡帛研究網站，2011年10月18日。
〔註50〕季旭昇：〈《上海博物館藏戰國楚竹書（八）·桐頌》考釋〉，《中央研究院歷史語言研究所集刊》第84本第4分，2013年12月，第662頁。
〔註51〕馬承源主編：《上海博物館藏戰國楚竹書（八）》，上海古籍出版社2011年版，第183頁。
〔註52〕高亨纂著，董治安整理：《古字通假會典》，齊魯書社1989年版，第911頁。

作 🀄，然簡文缺失，難以判定具體涵義。王蘭先生讀作「疏」〔註 53〕，可備一解。梧桐木質以輕軟著稱，理細而性緊，適宜製作古琴等。且梧桐樹幹的髓（有隔膜），因逐漸成長而顯現中空的特徵。所謂「疏中」，當從這一角度理解。沈約〈霜來悲落桐〉：「厚德非可任，敢不虛其心。」可以參看。

（4）剷外罡宔

整理者：「剷外置中」，猶言「置中剷外」。「中」與「外」相對，見《易・兌》：「剛中而柔外」。〔註 54〕

季旭昇：「搏外疏中」謂桐樹外形搏實，內在疏寬，比喻君子外在修束謹嚴，而內在謙虛有容。〔註 55〕

陳按：所謂「斷外疏中」，指梧桐無節直生，樹幹端直，木質輕軟，樹幹中空。周敦頤〈愛蓮說〉「中通外直」，意義頗爲相似，或喻指君子有剛直的外表、謙遜的內心。

（5）眾木之絽

整理者：「絽」，「己」下從「口」，爲「紀」字繁構（戰國文字習見增「口」爲繁構）。《說文》：「紀，絲別也。」本指絲縷的頭緒，《墨子・尚同上》：「譬若絲縷之有紀。」引申爲事物的端緒，訓爲綱領。〔註 56〕

黃浩波：後句「眾木之紀」。賈誼《新語・資質第七》：「夫楩柟豫章，天下之名木也，……立則爲大山眾木之宗，……得舒其文色，精捍直理，密緻博通。」王利器《《新語》校注》：「宋鳳翔曰：『柟』，《治要》作『梓』。器按：《文選》劉公幹〈公讌詩〉注、又司馬紹統〈贈山濤詩〉注兩引俱作『楩梓』。」《本草綱目》：「陸佃《埤雅》云：梓爲百木之長。故呼梓爲百木之王。」則「紀」可訓爲「綱紀、綱領」，《韓非子・主道》：「道者，萬物之始，是非之紀也。」《呂氏春秋》：「義也者，萬事之紀也。」《新語》以「眾木之宗」言「梓」，而本篇「眾木之紀」與之句式、句義相近，此亦篇名爲

〔註 53〕王蘭：〈上博五〈三德〉編聯〉，武漢大學簡帛研究中心網站，2006 年 4 月 15 日。
〔註 54〕馬承源主編：《上海博物館藏戰國楚竹書（八）》，上海古籍出版社 2011 年版，第 233 頁。
〔註 55〕季旭昇：〈《上海博物館藏戰國楚竹書（八）・桐頌》考釋〉，《中央研究院歷史語言研究所集刊》第 84 本第 4 分，2013 年 12 月，第 662 頁。
〔註 56〕馬承源主編：《上海博物館藏戰國楚竹書（八）》，上海古籍出版社 2011 年版，第 233 頁。

〈梓賦〉之證。〔註57〕

王寧：紀，原字己下尚有口，乃綴加的羨符。《禮記・禮器》「眾之紀也，紀散而眾亂」，鄭注：「紀，絲縷之數有紀。」眾木之紀，這裏是眾樹木中的榜樣的意思。〔註58〕

季旭昇：原整理者所釋可從。但是，「眾木之紀」，是一句讚美的話，原考釋以為本篇讚美李樹，諷刺桐樹，則本句變成不知所云。本句讚美桐樹是眾木的楷模。〔註59〕

3. 㫚各（冬）之旨（祁）倉（寒），枭亓（其）方茖（落）可（兮）。

（1）句解

該句整理者作「㫚（寒）各（冬）之旨（耆）倉（滄），枭（燥）亓（其）方茖（落）可（兮）」，整理者指出：「『燥其方落』，指桐樹直至寒冬乾燥時，其葉始纔脫落。」〔註60〕復旦吉大古文字專業研究生聯合讀書會作「㫚（晉）各（冬）之旨（祁）寒，枭〈葉〉亓（其）方茖（落）可（兮）」〔註61〕，季旭昇先生作「㫚（晉）各（冬）之旨（祁）寒，枭〈燥〉亓（其）方茖（落）可（兮）」〔註62〕，筆者作「㫚各（冬）之旨（祁）倉（寒），枭亓（其）方茖（落）可（兮）」。全句謂在酷寒的嚴冬，梧桐的葉子纔開始凋零。

（2）㫚

整理者：「㫚」，從「仄」，「旱」聲，讀為「寒」。古音「旱」、「寒」並為匣母元部字，二字為雙聲疊韻關係，讀音相同，例可相通。〔註63〕

〔註57〕黃浩波：〈讀上博八〈梓頌〉箚記〉，武漢大學簡帛研究中心網站，2011 年 8 月 23 日。

〔註58〕王寧：〈《上博八・李頌》通讀〉，簡帛研究網站，2011 年 10 月 18 日。

〔註59〕季旭昇：〈《上海博物館藏戰國楚竹書（八・桐頌）》考釋〉，《中央研究院歷史語言研究所集刊》第 84 本第 4 分，2013 年 12 月，第 662 頁。

〔註60〕馬承源主編：《上海博物館藏戰國楚竹書（八）》，上海古籍出版社 2011 年版，第 231、235 頁。

〔註61〕復旦吉大古文字專業研究生聯合讀書會：〈上博八〈李頌〉校讀〉註 4，復旦大學出土文獻與古文字研究中心網站，2011 年 7 月 17 日。

〔註62〕季旭昇：〈《上海博物館藏戰國楚竹書（八）・桐頌》考釋〉，《中央研究院歷史語言研究所集刊》第 84 本第 4 分，2013 年 12 月，第 652 頁。

〔註63〕馬承源主編：《上海博物館藏戰國楚竹書（八）》，上海古籍出版社 2011 年版，第 233 頁。

　　復旦吉大古文字專業研究生聯合讀書會：按，整理者已將「牌各之旨寒」與郭店、上博一之〈緇衣〉相參照，承馮師勝君見告，可將「牌」依〈緇衣〉諸本讀爲「晉」，「晉」，眞部字；而「牌」從「軩」，元部字，「軩」是「戴」的聲符，而「戴」或從「丰」得聲，清華一〈祭公之顧命〉之「祭」亦從「丰」聲，郭店〈緇衣〉「祭公」寫作「晉公」，可見「軩」與「晉」在古音上有所交涉；古書「晉」或讀爲「箭」，「箭」爲元部字，也是眞部的「晉」與元部有關聯，所以從「軩」的「牌」讀爲「晉」應該沒問題。看吳師振武〈假設之上的假設——金文「棄公」的文字學解釋〉（《吉林大學古籍研究所建所二十周年紀念文集》，吉林文史出版社，2003 年 12 月，第 1～8 頁）一文引諸家之說。又如本書〈鶹鶼〉簡 1「舞」可讀爲「翩」，舞，幫母元部，翩，滂母眞部；另承程少軒先生見告，清華一〈楚居〉簡 12「秦溪之上」應讀爲「乾溪之上」，「秦」爲眞部字，「乾」爲元部字，此亦爲眞、元二部相關聯之證。〔註 64〕

　　蘇建洲：牌應該隸定爲軩。

　　今本禮記緇衣作「資多祁寒」，「資」通「至」。《禮記·緇衣》：「夏日暑雨，小民惟日怨；資多祁寒，小民亦惟日怨。」鄭玄注：「資當爲至，齊魯之語，聲之誤也。」則「軩」（見元）、「乾」（匣元）應讀爲「爰」（匣元），「爰」有及、到的意思。《史記·司馬相如列傳》：「后稷創業於唐，公劉發跡於戎，文王改制，爰周郅隆。」司馬貞索隱：「爰，於，及也……以言文王改制，及周而大盛也。」〔註 65〕

　　金縢：軩讀爲「晉」，韻部自然沒問題，但是聲紐見系與精紐遠一些。又清華一〈楚居〉簡 12「秦溪之上」不能讀爲「乾溪之上」，李守奎先生在 6 月底清華國際會議論文已經指出了。復旦網王偉也有文章論述。〔註 66〕

〔註 64〕復旦吉大古文字專業研究生聯合讀書會：〈上博八〈李頌〉校讀〉註 5，復旦大學出土文獻與古文字研究中心網站，2011 年 7 月 17 日。

〔註 65〕參見蘇建洲先生在復旦吉大古文字專業研究生聯合讀書會〈上博八〈李頌〉校讀〉（復旦大學出土文獻與古文字研究中心網站，2011 年 7 月 17 日）一文下的評論，2011 年 7 月 17 日。

〔註 66〕參見網友「金縢」在復旦吉大古文字專業研究生聯合讀書會〈上博八〈李頌〉校讀〉（復旦大學出土文獻與古文字研究中心網站，2011 年 7 月 17 日）一文下的評論，2011 年 7 月 18 日。

　　何有祖：「𣄼」似可讀爲「寒」，二者古音很近，《古字通假會典》171 頁有「韓」、「寒」通假之例。〔註 67〕

　　張峰：「𣄼」字又出現在《上博七·君人者何必安哉》簡 2，辭例爲：「吾𣄼有白玉三回而不戔哉。」整理者讀爲「罕」，讀書會讀爲「焉」。同篇簡 9 又有「𣄼溪」，當與清華簡〈楚居〉簡 12「秦溪」爲一個地名，整理者都已經指出當爲乾溪。《上博二·容成氏》簡 24「面𣄼敊」之「𣄼」也讀爲「乾」。

　　本篇的「𣄼」很顯然不能讀爲上面諸音，讀書會認爲〈李頌〉的「𣄼」可讀爲「晉」，「晉」是精母眞部字，而「𣄼」從「戟」，是元部字。眞、元二部關係密切可以相通讀。我們認爲是可從的。〔註 68〕

　　王寧：本篇下文言「守勿（物）強榦（檊）」，「檊」即從木𣄼聲，可見此字讀音當與「干」同，此當讀爲「干」，《說文》：「干，犯也。」〔註 69〕

　　季旭昇：「戟」，原整理者、〈李頌校讀〉均隸爲「𣄼」，蒙審查人指出隸爲「戟」較妥。可從。又，原考釋讀「𣄼（寒）各（冬）之旨（耆）倉（滄）」，〈李頌校讀〉改讀爲「晉冬之祁寒」，應可信。或以爲讀「𣄼（戟）」爲「晉」，聲、義皆不夠密合，當讀爲「捍」，「捍、禦也」，簡文意謂「桐樹抵禦嚴冬之盛寒，至其葉乾枯始凋落」（陳按：指審查人之說）。案：戟，古案切，上古音屬見紐元部；晉，即刃切，上古音屬精紐眞部。眞元二部韻尾相同，主要元音密近，故常得通假；見紐與精紐相通，最常被舉的例證就是「耕」從「井」聲，陸志韋《古音略說》舉了喉牙音通舌齒音的例子約 130 個，並且指出這是「兩種勢力所產生的，一是喉牙音的齶化，一是脣化喉牙音通齒」，因此見紐與精紐相通，例證雖少，但確乎是存在的。其次，從文義來看，謂桐葉「晉多之祁寒，燥其方落」，已嫌誇飾；謂「桐樹抵禦嚴冬之盛寒，至其葉乾枯始凋落」，恐嫌誇飾太過。故取前說。〔註 70〕

〔註 67〕參見何有祖先生在復旦吉大古文字專業研究生聯合讀書會〈上博八〈李頌〉校讀〉（復旦大學出土文獻與古文字研究中心網站，2011 年 7 月 17 日）一文下的評論，2011 年 7 月 18 日。

〔註 68〕張峰：〈由《上博（八）·李頌》簡 1 再看楚簡中的「寒」〉，武漢大學簡帛研究中心網站，2011 年 7 月 22 日。

〔註 69〕王寧：《上博八·李頌》閒話》，武漢大學簡帛研究中心網站，2011 年 8 月 25 日。

〔註 70〕季旭昇：《上海博物館藏戰國楚竹書（八）·桐頌》考釋〉，《中央研究院歷史語言研究所集刊》第 84 本第 4 分，2013 年 12 月，第 663～664 頁。

陳按：隸作「𤉷」與「𩏩」兩可。整理者讀作「寒」，音理可通，整理者羅列甚詳。然下文的「倉」當讀作「寒」，故句首是「寒冬」的可能性不大。復旦吉大讀書會讀作「晉」，有音韻的依據，也有竹書〈緇衣〉的辭例。然郭店簡、上博簡〈緇衣〉的相關辭例是否能直接套用到這篇辭賦，還是值得懷疑的。〈緇衣〉引文中的「晉」，是時間介詞，訓「至」，屬於虛詞。由於它出現在《尚書・君牙》引文中，張玉金先生業已指出它是西周時代的古語詞，不是戰國時代的口語〔註71〕。作為戰國時代的楚辭體作品，〈李頌〉出現「晉」是較難理解的，故讀書會之說同樣有可疑之處。不過這種解釋於文義較為順暢，目前而言最有理據。包括屈賦在內的楚辭作品都有受經典影響的現象，〈李頌〉作者化用經典句子，非無可能。

蘇建洲先生讀作「爰」，也是從虛詞角度考慮。事實上，「冬」之前的字機動性較大，可以是修飾「冬」的形容詞，也可以是虛詞。相對而言，虛詞的可能性更大，後文的「祁寒」已經是對「冬」的修飾，《尚書・君牙》「冬祁寒」的搭配也可以提供線索〔註72〕。

（3）旨倉

整理者：「旨」，讀為「耆」。「耆」從「旨」聲，可通。……「倉」，讀為「滄」。「滄」從「倉」得聲，例可相通。……滄，寒冷。……「耆滄」，猶言極寒。……簡文之「旨（耆）倉（滄）」，即郭店簡之「旨（耆）滄」，亦即上博簡之「耆寒」，皆極寒之意。〔註73〕

復旦吉大古文字專業研究生聯合讀書會：釋作旨（祁）寒。〔註74〕

蘇建洲：陳劍〈上博竹書〈昭王與龔之脽〉和〈柬大王泊旱〉讀後記〉（簡帛研究網站論文，2005年2月15日）指出上博四〈柬大王泊旱〉簡1的「滄」字通「汗」，這是因為「滄」有「寒」音，所以纏可以讀為「汗」。亦見〈用曰〉6：「用曰：唇亡齒倉（寒）。」馮勝君、大西克也、陳斯鵬等

〔註71〕張玉金：《出土戰國文獻虛詞研究》，人民出版社2011年版，第134頁。
〔註72〕筆者曾以為或可讀作《楚辭》常見的句首助詞「寒」。
〔註73〕馬承源主編：《上海博物館藏戰國楚竹書（八）》，上海古籍出版社2011年版，第234頁。
〔註74〕復旦吉大古文字專業研究生聯合讀書會：〈上博八〈李頌〉校讀〉，復旦大學出土文獻與古文字研究中心網站，2011年7月17日。

先生認爲寒滄的關係爲同義換讀。周波先生則以爲是形借。〔註75〕

何有祖：「旨（祁）寒」之「寒」，從字形上看，似是從倉，疑讀作滄，寒冷；涼。《荀子・正名》：「疾養滄熱，滑鈹輕重，以形體異。」楊倞注：「滄，寒也。」《漢書・枚乘傳》：「欲湯之滄，一人炊之，百人揚之，無益也，不如絕薪止火而已。」寒冬之祁滄，也通。〔註76〕

張峰：本篇的「倉」也當從讀書會讀爲「寒」，先看下面辭例：

晉冬耆寒[圖]，小民亦惟日怨。（《上博簡・緇衣》6）

晉冬耆倉（寒）[圖]，小民亦惟日怨。（《郭店簡・緇衣》10）

資冬祁寒，小民亦惟日怨。（今本《禮記・緇衣》第三十三）

今本《禮記》鄭注曰：「資，當爲『至』，齊魯之語，聲之誤也。祁之言『是』也，齊西偏之語也。夏日暑雨，小民怨天，至冬是寒，小民又怨天，言民恆多怨，爲其君難。」孔疏曰：「『資冬祈寒，小民亦惟日怨』者，至於冬日，是大寒之時，小人亦惟日怨。猶言君政雖日得當，人怨之不已，是治民難也。」

裘錫圭先生認爲郭店簡的：「此字上部雖然很像『倉』的古文，但寫法較怪，而且缺少應有的在下的長橫，此字下部橫置的『水』也缺少左上方的一筆，頗爲可疑。如果跟上博簡的『寒』字對照一下，就可以斷定此字乃是那種寫法的『寒』字的誤摹。」馮勝君先生說：「裘錫圭先生認爲郭店簡〈緇衣〉的『滄』字就是『寒』字的誤摹，也有可能，但我們認爲郭店〈緇衣〉的『滄』字從字形上看只可能是上引楚簡《周易》『寒』字那種形體的誤摹，而不大可能是上引〈緇衣〉那種寫法的『寒』字（指簡45的[圖]——引者注）的誤摹。」《古文字譜系疏證》認爲與對應的今本〈緇衣〉作寒，二者屬於「義同互換」。

從〈李頌〉的用字看，郭店簡當不是「寒」字的誤摹，也不是《周易》[圖]的誤摹，實際就是「滄」字，讀爲寒。字形上或省去兩橫，從水，即滄字；或本不從水，而將下二橫畫譌書成與水旁相似，即倉字。後一種的可能性較大。

我們曾對楚簡中的倉（包括從倉之字）和寒進行過窮盡考察（另文），發

〔註75〕 參見蘇建洲先生在復旦吉大古文字專業研究生聯合讀書會〈上博八〈李頌〉校讀〉（復旦大學出土文獻與古文字研究中心網站，2011 年 7 月 17 日）一文下的評論，2011 年 7 月 18 日。

〔註76〕 參見何有祖先生在復旦吉大古文字專業研究生聯合讀書會〈上博八〈李頌〉校讀〉（復旦大學出土文獻與古文字研究中心網站，2011 年 7 月 17 日）一文下的評論，2011 年 7 月 18 日。

現楚簡中都是用倉、滄、蒼表示寒這個詞的。這就是楚簡的用字習慣問題。至於上博〈緇衣〉的▉因只出現一次，上舉馮文認爲該篇具有齊系文字的特點，因此並不能代表楚文字的實際用字情況。《周易》的▉嚴格來說也不是寒字，可以認爲是倉字偶爾誤寫（新蔡簡中也有與此類似的字形）。

　　李零認爲楚簡中倉、寒字形相近，有點寫錯字的味道，但與一般的錯字還不一樣，此類屬於「積非成是」，變非法爲合法。從楚簡的實際用字考察，我倒更傾向於上舉的「義同互換」。因爲如果看作譌書的話，也不能全部都是譌書吧。〔註77〕

　　陳按：「旨倉」，可與上博簡〈緇衣〉「耆寒」、郭店簡〈緇衣〉「旨滄」、今本〈緇衣〉「祁寒」參看，復旦吉大讀書會業已改讀作「祁寒」。上述〈緇衣〉文字，係引自《尚書‧君牙》。〈君牙〉原文云：「冬祁寒。」孔傳云：「冬大寒。」《小爾雅‧廣詁》云：「祁，大也。」楚簡所見「倉（蒼、滄）」往往要讀作「寒」，二者形義均近〔註78〕。加之「祁寒」是一個較固定的搭配，此處「旨倉」當讀作「祁寒」，而不必如整理者讀作「耆滄」。

　　（4）槀

　　整理者：「槀」，讀爲「燥」。「燥」從「槀」得聲，可通。……燥，乾燥。〔註79〕

　　復旦吉大古文字專業研究生聯合讀書會：「槀」整理者讀爲「燥」。按，此字似是「葉」之譌變。〔註80〕

　　蘇建洲：「槀」字疑讀爲「巢」，二者常相通，如《望山》1～89「王孫巢」，又作「王孫槀」（1～119）；《上博（一）‧性情論》簡35「凡甬（用）心之趑（躁）者，思爲甚」；《上博（二）‧容成氏》簡40「（桀）乃逃，之南（巢）是（氏）」，

〔註77〕張峰：〈由《上博（八）‧李頌》簡1再看楚簡中的「寒」〉，武漢大學簡帛研究中心網站2011年7月22日。亦參見氏著〈《上博八》考釋三則〉，《哈爾濱師範大學社會科學學報》2011年第6期。

〔註78〕參見馮勝君《論郭店簡〈唐虞之道〉、〈忠信之道〉、〈語叢〉一～三以及上博簡〈緇衣〉爲具有齊系文字特點的抄本》，北京大學博士後研究工作報告，2004年8月。

〔註79〕馬承源主編：《上海博物館藏戰國楚竹書（八）》，上海古籍出版社2011年版，第234頁。

〔註80〕復旦吉大古文字專業研究生聯合讀書會：〈上博八〈李頌〉校讀〉註6，復旦大學出土文獻與古文字研究中心網站，2011年7月17日。

又見《古字通假會典》816 頁。〔註81〕

何有祖：釋「杲（巢）」可從。〔註82〕

侯乃峰：「杲」看作誤字，似不如讀爲「梢」，指樹梢。前面有「杲」讀「肖」之例。〔註83〕

前面簡文的意思根本沒提及「鳥」，和甚麼「鳥」啊「巢」啊有何關係呢？要是諸位承認「眾木之紀」是說「樹木」的話（即以樹木作爲歌詠的對象，再者，好像不承認也說不過去哦，前面不是還有個「樹」字嚜，則下文緊接著說：到了寒冬臘月，樹梢纔落——這不是很順嚜？（而且，作爲落葉喬木，樹梢部分因爲長出的葉子較嫩，故晚落，此爲常識啊？）換句話說，要是前面提及了「鳥」（也即主語是「鳥」），則這裏再出現「巢纔落成」的話，這樣纔不至於突兀吧？〔註84〕

黃浩波：杲，曹先生讀爲「燥」。讀書會認爲此字是「葉」之譌變。也有讀「巢」者。「杲」似應爲「果」。杲，金文作 ⚓；果，甲骨文作 ⚘，二者形近而譌。

梓樹，落葉喬木，秋天即落葉。而梓樹有長柱形蒴果，可歷秋至多而不落。故，冬寒方落者，應爲果。〔註85〕

王寧：杲，讀書會以爲乃「葉」之形譌，是。〔註86〕

季旭昇：「杲」字原圖爲「▨（杲）」，上從三口，極爲明顯，當非「葉」字。「葉」字戰國楚系文字作「」（《包》130。參何琳儀先生《戰國古文

〔註81〕 參見蘇建洲先生在復旦吉大古文字專業研究生聯合讀書會〈上博八〈李頌〉校讀〉（復旦大學出土文獻與古文字研究中心網站，2011 年 7 月 17 日）一文下的評論，2011 年 7 月 18 日。

〔註82〕 參見何有祖先生在復旦吉大古文字專業研究生聯合讀書會〈上博八〈李頌〉校讀〉（復旦大學出土文獻與古文字研究中心網站，2011 年 7 月 17 日）一文下的評論，2011 年 7 月 18 日。

〔註83〕 參見侯乃峰先生在復旦吉大古文字專業研究生聯合讀書會〈上博八〈李頌〉校讀〉（復旦大學出土文獻與古文字研究中心網站，2011 年 7 月 17 日）一文下的評論，2011 年 7 月 17 日。

〔註84〕 參見侯乃峰先生在復旦吉大古文字專業研究生聯合讀書會〈上博八〈李頌〉校讀〉（復旦大學出土文獻與古文字研究中心網站，2011 年 7 月 17 日）一文下的評論，2011 年 7 月 19 日。

〔註85〕 黃浩波：〈讀上博八〈杼頌〉箚記〉，武漢大學簡帛研究中心網站，2011 年 8 月 23 日。

〔註86〕 王寧：《上博八·李頌》通讀〉，簡帛研究網站，2011 年 10 月 18 日。

字典》1432 頁）、「殜」字作「」（《上博二・子羔》簡 1。偏旁从「枼」）、「」（《上博六・天子建州（乙）》簡 1）。其字形皆與「槑」字相去甚遠，聲韻亦異，譌誤機會不大。「槑」當讀爲「燥」，「燥其」即「燥然」。「茖」讀爲「落」，意爲「木葉落」，《說文》：「落：凡艸曰零，木曰落。」屈原〈離騷〉「惟草木之零落兮」、宋玉〈九辯〉「悲哉秋之爲氣也！蕭瑟兮草木搖落而變衰」，「落」意即「落葉」，皆不必加「葉」字。「晉冬之祁寒，燥其方落兮」意爲「很冷的冬天，（梧桐）才乾燥落葉」，形容高潔之士堅守晚節，不隨俗游移。不過，梧桐樹「發葉晚，落葉早」，並非耐寒樹種，此處謂其「晉冬之祁寒，燥其方落兮」，當屬誇飾。蘇、何主張「槑」讀爲「巢」，楚簡確有其例，且與下文「鳳鳥之所集」似亦緊密相連，但在晉冬祁寒之時敘述鳥巢之掉落或始成，似不合自然生態。鳳鳥爲神鳥，簡文用以比喻高潔之士，釋義不宜過於落實。〔註 87〕

　　陳按：「槑」，復旦吉大讀書會以爲是「葉」之譌變。此說存在一定道理，不過欲其成立尚有兩點困難：

　　首先是，古人認爲落葉大喬木梧桐「知閏」、「知秋」，有「梧桐一葉落，天下盡知秋」的說法。然而，詩中說的是祁寒的冬季，說梧桐此時葉子「方落」，並不適宜。當然，這完全可能是作者爲了美化、歌頌梧桐的誇張寫法，以強調梧桐耐寒（儘管與事實不盡相符）。《藝文類聚》卷八十八引梁沈約〈詠梧桐〉詩曰：「秋還遽已落，春曉猶未黃。微葉雖可賤，一翦或成珪。」可以參看。

　　其次，說「槑」是「葉」之譌變，尚是推測。楚簡中的「枼」如包山簡 129 的 ，「葉」如上博簡〈用曰〉15 的 、郭店簡〈語叢・四〉11 的 。其中〈語叢・四〉所見字，李零先生認爲是「葉」之譌，何琳儀、陳偉、林素清等先生均有討論〔註 88〕。如果 果眞是「葉」之譌（從上下文義看是可以成立的），可爲〈李頌〉的「槑」譌作「葉」提供依據。甲骨文所見 、（舊釋「果」，郭沫若《卜辭通纂》改釋作「枼」），侯馬盟書所見 ，均被釋作「枼（葉）」，也爲「槑」譌作「葉」的說法給予支撐。

〔註 87〕季旭昇：〈《上海博物館藏戰國楚竹書（八）・桐頌》考釋〉，《中央研究院歷史語言研究所集刊》第 84 本第 4 分，2013 年 12 月，第 664～665 頁。

〔註 88〕參見陳偉等著《楚地出土戰國簡冊（十四種）》，經濟科學出版社 2009 年版，第 266 頁。

另黃浩波先生認爲「槀」是「果」之譌，難以成立，楚簡文字中的「果」與「槀」差別甚大。

應該說，該句仍是描寫梧桐的，「槀」很可能是梧桐的部件。在祁寒的冬天，「槀其方落」，當是凸顯梧桐的傲岸品性。「槀」如果是「葉」，無疑能使文義暢通。且這一解釋能使下文的「落」得到妥善的落實。「落」指樹葉凋零。《說文》云：「凡艸曰零，木曰落。」《楚辭・離騷》云：「惟草木之零落兮。」王逸注云：「草曰零，木曰落。」綜合以上考慮，「槀」是「葉（枼）」之譌雖然尚不能落實，但還是有相當大的可能性的。

「槀」當然也有可能不是譌字。按「槀」在楚簡中與從「槀」、「肖」、「巢」的字相通〔註89〕。在上博簡第八輯中，〈成王既邦〉5 的「澡」讀作「消」，〈顏淵問於孔子〉9 的「槀」讀作「肖」（均據復旦吉大讀書會改讀）。侯乃峰先生讀作「梢」，然與下文「茖（落）」的搭配不是十分順暢。有學者讀作「巢」，這一說法，與上下文聯繫不甚緊密是一個問題，此外，「巢」與「落」也不好搭配。有學者指出「落」作落成解，一方面訓釋紆曲，另一方面鳥類築巢時間一般不在嚴多時節。如果「落」作隕落解，似乎更顯牽強。相比之下，整理者讀作「燥」顯得較爲通達。

綜上考慮，「槀」是「葉」之譌的可能性是較大的。一來有形近譌變的可能，二來文義貫通無礙。而整理者的說法也有一定道理，全然否定也是不適宜的。

（5）方

整理者：「方」，副詞，表示時間，相當於「始」、「纔」。〔註90〕

（6）茖

整理者：「茖」，《說文》謂「艸也」，不符本文義，字當讀爲「落」。〔註91〕

何有祖：釋「槀（巢）」可從，由於「巢」直接作爲「鳥集」的賓語，句中的「落」似不能說成「掉落」，方落，似指巢剛營建完。〔註92〕

〔註89〕白於藍編著：《戰國秦漢簡帛古書通假字彙纂》，福建人民出版社 2012 年版，第 132 頁。

〔註90〕馬承源主編：《上海博物館藏戰國楚竹書（八）》，上海古籍出版社 2011 年版，第 234 頁。

〔註91〕同上。

〔註92〕參見何有祖先生在復旦吉大古文字專業研究生聯合讀書會〈上博八〈李頌〉校讀〉（復旦大學出土文獻與古文字研究中心網站，2011 年 7 月 17 日）一文下的評論，2011 年 7 月 18 日。

蘇建洲：我原本亦有考慮落成的意思，但考慮到其後有「豉（竢）時而俊（作）可（兮）」所以纔會理解爲掉落。不過掉落說實在不好，落有「敗」義。陳劍先生〈上博（五）零箚兩則〉：「露有敗義，落亦有敗義。《方言》三：「露，敗也。」《荀子・富國篇》：「其田疇穢，都邑露。」《莊子・漁父篇》：「田荒室露。」《戰國策・齊策五》：「百姓罷而城郭露。」《莊子・天地篇》：「夫子闔行邪，無落我事。」成疏：「落，廢也。」廢即敗也。露、落一聲之轉，同有敗義……古書此義用「路」字的如，《管子・四時》：「不知五穀之故，國家乃路。」《管子・戒》「路家五十室」，《孟子・滕文公上》「是率天下而路也」，等等。則簡文「梟（巢）亓（其）方荅（落）可（兮）」是說鳥巢敗壞了，所以要竢時而作。鄭公渡先生（陳按：指何有祖先生）的說法可以成立，落確實應該解爲落成。〔註93〕

陳按：當從整理者說。

4. 鸓（鳳）鳥之所窠（集），豉（竢）峕（時）而俊（作）可（兮）。

（1）句解

該句整理者作「鸓（鵬）鳥之所窠（集），豉峕（時）而俊（作）可（兮）」。復旦吉大古文字專業研究生聯合讀書會作「鸓（鳳）鳥之所窠（集），豉（竢）時而俊（作）可（兮）」〔註94〕，可從。全句謂梧桐樹是鳳鳥所棲止的地方，鳳鳥等待時機振翮高飛。《詩經・大雅・卷阿》：「鳳凰于飛，翽翽其羽，亦集爰止。」《楚辭・九辯》：「眾鳥皆有所登棲兮，鳳獨遑遑而無所集。」《楚辭・七諫・謬諫》：「眾鳥皆有行列兮，鳳獨翔翔而無所薄。」均可參看。

（2）鸓鳥

整理者：「鸓」，從「鳥」，「堋」聲，即「鵬」字繁構（楚簡文字常見贅增「土」旁）「鵬鳥」，傳說中的大鳥，又稱「大鵬」。〔註95〕

〔註93〕參見蘇建洲先生在復旦吉大古文字專業研究生聯合讀書會〈上博八〈李頌〉校讀〉（復旦大學出土文獻與古文字研究中心網站，2011 年 7 月 17 日）一文下的評論，2011 年 7 月 18 日。

〔註94〕復旦吉大古文字專業研究生聯合讀書會：〈上博八〈李頌〉校讀〉，復旦大學出土文獻與古文字研究中心網站，2011 年 7 月 17 日。

〔註95〕馬承源主編：《上海博物館藏戰國楚竹書（八）》，上海古籍出版社 2011 年版，第 235 頁。

　　復旦吉大古文字專業研究生聯合讀書會：「鸓」整理者認爲即「鵬」繁構，「鵬鳥」即大鳥。按古書「鳳」多與「梧桐」相關，如《詩經・大雅・卷阿》：「鳳凰鳴矣，于彼高岡。梧桐生矣，于彼朝陽。」《莊子・秋水》：「夫鵷鶵，發於南海而飛於北海，非梧桐不止，非練實不食，非醴泉不飲。」《釋文》：「鵷鶵乃鸑鳳之屬也。」故改讀「鸓」爲「鳳」。〔註96〕

　　王寧：鵬，原字左從鳥，右邊上朋下土，即坤字之異構，故此字乃從鳥坤聲，讀書會言整理者認爲即「鵬」繁構，是也。根據《說文》，「鵬」即古文鳳字。讀書會依形隸定，括讀爲「鳳」，甚是。〔註97〕

　　季旭昇：鳳鵬古或難分，《說文》云：「　，古文鳳，象形。鳳飛，群鳥從以萬數，故以爲朋黨字。」其下又出古文鳳作「　」。依《說文》之意，此字即可隸定爲「鵬」。《莊子・逍遙遊》：「北冥有魚，其名爲鯤。……化而爲鳥，其名爲鵬。鵬之背，不知其幾千里也。……《諧》之言曰：『鵬之徙於南冥也，水擊三千里，摶扶搖而上者九萬里，去以六月息者也。』」宋玉〈對楚王問〉易「鵬」爲「鳳」：「故鳥有鳳而魚有鯤，鳳皇上擊九千里，絕雲霓，負蒼天，翱翔乎杳冥之上。夫蕃籬之鷃，豈能與之料天地之高哉！」故陸德明《經典釋文・莊子音義》云：

> 鵬，步登反。徐音朋。郭甫登反。崔音鳳，云：「鵬即古鳳字，非來儀之鳳也。」《說文》云朋及鵬，皆古文鳳字也。朋鳥象形。鳳飛，群鳥從以萬數，故以朋爲朋黨字。《字林》云：「鵬，朋黨也，古以爲鳳字。」

文獻中所見鳳，多爲「神鳥」，《說文》：「鳳：神鳥也。天老曰：『鳳之象也，鴻前麐後，蛇頸魚尾，鸛顙鴛思，龍文虎背，燕頷雞喙，五色備舉。出於東方君子之國，翱翔四海之外，過崐崙，飲砥柱，濯羽弱水，莫宿風穴。見則天下大安寧。』從鳥凡聲。　，古文鳳，象形。鳳飛，群鳥從以萬數，故以爲朋黨字。　，亦古文鳳。」其意固以爲鳳鵬同字，但以當今通行辭彙而言，用「鳳」字較無歧義。〔註98〕

〔註96〕復旦吉大古文字專業研究生聯合讀書會：〈上博八〈李頌〉校讀〉註7，復旦大學出土文獻與古文字研究中心網站，2011 年 7 月 17 日。

〔註97〕王寧：《上博八・李頌》通讀〉，簡帛研究網站，2011 年 10 月 18 日。

〔註98〕季旭昇：〈《上海博物館藏戰國楚竹書（八）・桐頌》考釋〉，《中央研究院歷史語言研究所集刊》第 84 本第 4 分，2013 年 12 月，第 665～666 頁。

陳按：復旦吉大讀書會改讀「鵬鳥」爲「鳳鳥」，可信。「鸎」寫作 ，字殘。古「鵬」、「鳳」通用。《說文》云：「朋，古文鳳，象形。……鵬，亦古文鳳。」在古人的詩文中，鳳凰常與梧桐相聯繫。傳說鳳鳥非梧桐不棲。《楚辭・九辯》：「謂鳳皇兮安棲？」《詩經・大雅・卷阿》云：「鳳凰鳴矣，于彼高岡。梧桐生矣，于彼朝陽。」《莊子・秋水》云：「夫鵷鶵，發於南海而飛於北海，非梧桐不止，非練實不食，非醴泉不飲。」鵷鶵乃鸞鳳之屬。《韓詩外傳》卷八：「鳳乃止帝東園，集帝桐樹，食帝竹實，沒身不去。」陸璣《毛詩草木鳥獸蟲魚疏》：「（鳳）非梧桐不棲，非竹實不食。」顏延年〈秋胡詩〉：「椅梧傾高鳳。」郭璞〈梧桐讚〉：「桐寔嘉木，鳳凰所棲。」李白〈贈饒陽張司戶燧〉：「寧知鸞鳳意，遠託椅桐前。」此類詞句，不勝枚舉。

李零先生在《簡帛古書與學術源流》一書中曾揭示上博簡中有詠鵬的〈鵬賦〉〔註99〕，當與此處文字有關。

（3）之所

整理者：「之所」，結構助詞，《楚辭》多見。……大體在名詞和「所」字結構之間，使此兩部變爲偏正片語，以充當句子之表語或賓語（參見姜亮夫《楚辭通故》）。〔註100〕

（4）寁

整理者：「寁」，即「集」字，上從「宀」，爲楚文字習見之贅增偏旁。集，鳥棲止於樹。……鳥停在樹上謂之「集」，簡文用的正是「集」字本義。〔註101〕

孟蓬生：「胃（謂）群眾鳥，敬而勿寁（集・緝部）可（兮）。索府宮李，木異類（・物部）可（兮）。」這個「集」字大概讀如「卒」或「萃」一類音。

包山簡有「盡集歲」或「盡卒歲」：

　　　（1）……自　屌之月以就　屌之月……盡卒歲……（197、199、

〔註99〕李零：《簡帛古書與學術源流》，生活・讀書・新知三聯書店 2007 年版，第 359 頁。

〔註100〕馬承源主編：《上海博物館藏戰國楚竹書（八）》，上海古籍出版社 2011 年版，第 235 頁。

〔註101〕同上。

201）

（2）……自夏屎之月以就集歲之夏屎之月，盡集歲……」（209、
212〜213、216〜217）

「卒」字古有「終盡」義，但此字前有「盡」字，則「卒」字當取「集（匝）」
義，不得取「終盡」義。換句話說，「卒」字其實就是「集（匝）」的借字。
宋華強先生說：「包山簡中『盡卒歲』和『盡集歲』表示的時間範圍顯然是
相同的，都是指從今年某月到來年相同的月份，即平年首尾共歷十三個月。」
無疑是正確的。

古人稱「鳥集於樹」爲「萃」，常見於楚方言中。《詩・陳風・墓門》：「墓
門有棘，有鳥萃止。」毛傳：「萃，集也。」《楚辭・天問》：「何繁鳥萃棘，
負子肆情。」又：「蒼鳥群飛，孰使萃之？」王逸注：「萃，集也。」在集聚、
栖止的意義上，「萃」和「集」音義相通。〔註102〕

王寧：萃，原字上宀下集，讀書會括讀爲「集」，《包山楚簡》中亦習見
此字，言「～守黃辱」（21 簡）、「盡～歲躬身尙毋有咎」（209 簡、212〜213
簡、216〜217 簡），整理者均括讀「集」；下文中有「敬而勿～可（兮）」一
句，字亦作此形，與「木異類可（兮）」之「類」爲韻，然「集」古音緝部，
「類」古音物部，並不押韻。《上博一・緇衣》第 19 簡、《上博四・交交鳴
鳥》第 2 簡、第 3 簡中均有「集」字，皆爲上隹下木之構形，不從宀，故疑
此字非「集」。孟蓬生先生認爲此字「大概讀如『卒』或『萃』一類音」，指
出「古人稱『鳥集於樹』爲『萃』，常見於楚方言中：《詩・陳風・墓門》：『墓
門有棘，有鳥萃止。』毛傳：『萃，集也。』《楚辭・天問》：『何繁鳥萃棘，
負子肆情。』又：『蒼鳥群飛，孰使萃之？』王逸注：『萃，集也。』」（〈校
讀〉下第 23 樓評論），是也。這個字應當是從宀從集會意，疑即集萃之「萃」
的或體，恐非「集」字，「萃」、「類」古音同物部爲韻也。包山簡中當讀爲
「卒」，「卒守黃辱」、「盡卒歲躬身尙毋有咎」是也。本篇中乃用爲萃集之
「萃」，故釋文中徑用「萃」，下同。《詩・卷阿》：「鳳皇鳴矣，于彼高崗。
梧桐生矣，于彼朝陽。」鄭箋：「鳳皇鳴於山脊之上者，居高視下，觀可集
止，喻賢者待禮乃行，翔而後集。……鳳皇之性，非梧桐不棲，非竹實不食。」

〔註102〕參見孟蓬生先生在復旦吉大古文字專業研究生聯合讀書會〈上博八〈李頌〉
　　　　校讀〉（復旦大學出土文獻與古文字研究中心網站，2011 年 7 月 17 日）一文
　　　　下的評論，2011 年 7 月 27 日。

鄭言之「集」，即楚語之「萃」也。〔註103〕

　　陳按：從整理者說。

　　（5）妃時而俊

　　整理者：「妃」，「竢」字或體，見《說文》：「竢，待也。從立，矣聲。妃，或從巳。」竢，待，等待。……「時」，讀爲「時」，二字均從「寺」得聲，可通（此「妃」字若看作是「時」字之譌亦可，下文有「時」字。「日」、「口」旁構形相近易譌）。「竢時」，等待時機，見《楚辭·離騷》：「冀枝葉之峻茂兮，願竢時乎吾將刈。」《楚辭·九歎·怨思》：「欲容與已竢時兮，懼年歲之既晏。」「而」，連詞。「俊」，下從「又」，即「作」字繁構，楚簡習見。作，興起。〔註104〕

　　何有祖：「妃（竢）時而俊（作）」接著鳳鳥之後，也有可能是就鳳鳥而言，即鳳鳥待時而動。〔註105〕

　　王寧：「鳳鳥之所萃，竢時而作兮」，意思是梧桐樹是鳳鳥聚集棲息的地方，鳳鳥在這裏等待時機飛翔。〔註106〕

　　陳按：「竢時而作」的主語當指鳳鳥。

5. 木斯蜀（獨）生，秝（秦－榛）朸（棘）之　（閒）可（兮）。

　　（1）句解

　　該句整理者作「木斯蜀（獨）生，秦（榛）朸（棘）之　（閒）可（兮）」〔註107〕，可從。全句謂桐樹獨自生長，傲立於榛棘之間。

　　（2）木

　　整理者：「木」，樹，從下文看，此處專指「李」樹而言。〔註108〕

〔註103〕王寧：〈《上博八·李頌》通讀〉，簡帛研究網站，2011 年 10 月 18 日。
〔註104〕馬承源主編：《上海博物館藏戰國楚竹書（八）》，上海古籍出版社 2011 年版，第 235 頁。
〔註105〕參見何有祖先生在復旦吉大古文字專業研究生聯合讀書會〈上博八〈李頌〉校讀〉（復旦大學出土文獻與古文字研究中心網站，2011 年 7 月 17 日）一文下的評論，2011 年 7 月 18 日。
〔註106〕王寧：〈《上博八·李頌》通讀〉，簡帛研究網站，2011 年 10 月 18 日。
〔註107〕馬承源主編：《上海博物館藏戰國楚竹書（八）》，上海古籍出版社 2011 年版，第 231 頁。
〔註108〕同上，第 235 頁。

季旭昇：本篇依〈李頌校讀〉爲歌詠「桐」之小賦，故此「木」當亦指「桐」。〔註109〕

陳按：當指梧桐。

（3）斯

整理者：「斯」，虛詞，相當於「此」。……（按《楚辭》「斯」字凡八見，皆用作虛詞，訓爲「此」）〔註110〕

陳按：此處的「斯」確爲虛詞，但當作連詞解。參見張玉金先生《出土戰國文獻虛詞研究》〔註111〕。

（4）蜀

整理者：「蜀」，讀爲「獨」。……獨，單獨，獨自。〔註112〕

復旦吉大古文字專業研究生聯合讀書會：隸作「量」。〔註113〕

陳志向：簡1「木斯量（獨）生」，「量（獨）」字作![字形]，顯係一般的「蜀」字，隸作量並不準確。〔註114〕

季旭昇：〈李頌校讀〉隸「蜀」作「量」，不必。此字作![字形]上從「視」不從「目」、下從「虫」，實即「蜀」字，讀爲「獨」。本篇爲歌詠「桐」之小賦，故此「木」當亦指「桐」，不指李樹。〔註115〕

（5）生

〔註109〕季旭昇：〈《上海博物館藏戰國楚竹書（八）·桐頌》考釋〉，《中央研究院歷史語言研究所集刊》第84本第4分，2013年12月，第666頁。

〔註110〕馬承源主編：《上海博物館藏戰國楚竹書（八）》，上海古籍出版社2011年版，第235頁。

〔註111〕張玉金：《出土戰國文獻虛詞研究》，人民出版社2011年版，第358頁。2014年6月1日，陳偉武先生在武漢大學簡帛研究中心作題爲「楚簡秦簡字詞考釋拾遺」的報告，指出「斯」訓「乃」，則也。

〔註112〕馬承源主編：《上海博物館藏戰國楚竹書（八）》，上海古籍出版社2011年版，第235～236頁。

〔註113〕復旦吉大古文字專業研究生聯合讀書會：〈上博八〈李頌〉校讀〉，復旦大學出土文獻與古文字研究中心網站，2011年7月17日。

〔註114〕參見陳志向先生在復旦吉大古文字專業研究生聯合讀書會〈上博八〈李頌〉校讀〉（復旦大學出土文獻與古文字研究中心網站，2011年7月17日）一文下的評論，2011年7月18日。

〔註115〕季旭昇：〈《上海博物館藏戰國楚竹書（八）·桐頌》考釋〉，《中央研究院歷史語言研究所集刊》第84本第4分，2013年12月，第666頁。

整理者：生，生長。〔註116〕

（6）䅓杚

整理者：「秦」，讀爲「榛」，「榛」從「秦」得聲，可通。《說文》：「榛，木也。從木，秦聲。一曰䕅也。」簡文用的是《說文》或義，指叢生的樹木。……「杚」，讀爲「棘」。……《說文》：「棘，小棗叢生者。」泛指有芒刺的草木。……「榛棘」，亦見王粲〈從軍詩〉：「城郭生榛棘，蹊徑無所由。」〔註117〕

王寧：秦，讀書會括讀爲榛，《說文》：「榛，木也。一曰叢木也。」這裏是叢木的意思。杚，音力，《說文》「木之理也」，讀書會括讀爲棘。清華簡〈程寤〉棘作棶，棶、杚雙聲、之職對轉疊韻，均棘之假借，《說文》「棘，小棗之叢生者」，與榛均叢生之灌木。榛、棘這裏都指不材的雜木。〔註118〕

季旭昇：「秦」字作「䅓」，從午从秙，省廾，釋爲「秦」字、讀爲「榛」，可信。本句謂梧桐生長力強，亦不畏環境惡劣，在榛棘之中仍能獨自成長。〔註119〕

（7）

整理者：「　」，「閒」字異體，《說文》古文作「閖」（楚璽亦見之）。……閒，中間。〔註120〕

王寧：閖，原字從門從外，據《說文》乃「閒」之古文。

6. 㱙（亙）植兼成，砏（厚？）亓（其）不還可（兮）。

（1）句解

該句整理者作「亙植兼成，敓（敓）亓（其）不還可（兮）」，整理者指出，「亙植兼成」，種植到哪裏全都能長成，意思是說李樹很普通，與上文言

〔註116〕馬承源主編：《上海博物館藏戰國楚竹書（八）》，上海古籍出版社2011年版，第236頁。

〔註117〕同上。

〔註118〕王寧：《〈上博八·李頌〉通讀》，簡帛研究網站，2011年10月18日。

〔註119〕季旭昇：《〈上海博物館藏戰國楚竹書（八）·桐頌〉考釋》，《中央研究院歷史語言研究所集刊》第84本第4分，2013年12月，第666頁。

〔註120〕馬承源主編：《上海博物館藏戰國楚竹書（八）》，上海古籍出版社2011年版，第236頁。

桐樹之高貴正相反〔註 121〕。復旦吉大古文字專業研究生聯合讀書會作「亟（極）植（直）朿（速）成，硈（？）亓（其）不還可（兮）」，認爲「極直速成」是說梧桐的形狀及生長特點的〔註 122〕。季旭昇先生作「歽（亟／疾）植絿（朿／速）成，砶（昂）亓（其）不還可（兮）」〔註 123〕。筆者作「歽（亟）植兼成，砶（厚？）亓（其）不還可（兮）」。全句謂梧桐生長迅速，枝葉繁茂而不萎縮。

（2）歽

整理者：「亙」，楚簡構形同於《說文》「恆」字古文（《說文》當以「亙」通假爲「恆」）。亙，遍，竟。〔註 124〕

復旦吉大古文字專業研究生聯合讀書會：按，古文字「歽」多與「亟」相混，參看裘錫圭：〈是「恆先」還是「極先」？〉（2007 中國簡帛學國際論壇論文，臺灣大學，2007 年 11 月），今改釋爲「極」。〔註 125〕

黃浩波：若釋爲「亙」，不如釋作「柢」；柢，古同柢。《龍龕手鏡》：「柢、柢，都計反，木根也」。《爾雅‧釋言》：「柢，本也。」〔註 126〕

王寧：亙，讀書會認爲乃「亟」字之誤，括讀爲「極」（〈校讀〉注〔8〕）。此疑仍當依字讀，即「恆」，常也。〔註 127〕

魯鑫：「亙植速成」中的「亙」字可讀爲「亟」，《說文》：「亟，敏疾也。」〔註 128〕

〔註 121〕同上，第 231、237 頁。

〔註 122〕復旦吉大古文字專業研究生聯合讀書會：〈上博八〈李頌〉校讀〉，復旦大學出土文獻與古文字研究中心網站，2011 年 7 月 17 日。

〔註 123〕季旭昇：〈《上海博物館藏戰國楚竹書（八）‧桐頌》考釋〉，《中央研究院歷史語言研究所集刊》第 84 本第 4 分，2013 年 12 月，第 652 頁。

〔註 124〕馬承源主編：《上海博物館藏戰國楚竹書（八）》，上海古籍出版社 2011 年版，第 236 頁。

〔註 125〕復旦吉大古文字專業研究生聯合讀書會：〈上博八〈李頌〉校讀〉註 8，復旦大學出土文獻與古文字研究中心網站，2011 年 7 月 17 日。

〔註 126〕黃浩波：〈讀上博八〈杼頌〉劄記〉，武漢大學簡帛研究中心網站，2011 年 8 月 23 日。

〔註 127〕王寧：《《上博八‧李頌》通讀》，簡帛研究網站，2011 年 10 月 18 日。

〔註 128〕魯鑫：〈上博八〈李頌〉綴釋〉，復旦大學出土文獻與古文字研究中心網站，2013 年 6 月 8 日。

季旭昇：「<u>死</u>」讀爲「<u>亟</u>」，可從，但其意爲「疾速」。〔註129〕

陳按：「<u>死</u>」，整理者釋作「<u>亙</u>」，復旦吉大讀書會改釋，可從。讀書會讀作「極」，並將「植」讀作「直」，認爲「極直」形容梧桐的形狀，這固然是一種合理的解釋。筆者認爲「<u>亟</u>植」也可以不必破讀。《爾雅·釋詁下》云：「<u>亟</u>，疾也。」又云：「<u>亟</u>，速也。」《詩經·豳風·七月》鄭玄箋：「<u>亟</u>，急。」《戰國策·齊策三》高誘注：「<u>亟</u>，速也。」中國梧桐易於栽種，播種、扦插、分根均可，且生長迅速，高大挺拔，故有此說。

（3）植

整理者：「植」，《說文》謂：「戶植也」。本指門外閉時用以加鎖的中立直木，引申爲樹立，栽種。……此處「植」專指種植。〔註130〕

王寧：植，讀書會括讀「直」，正直。「恆直」言桐樹生長常直不曲，與下句之「不還」爲對。〔註131〕

魯鑫：「植」應讀爲「殖」，二字古音相同，在古書中相互通假的例子較多。《玉篇》：「殖，長也，生也。」「<u>亟</u>殖」即生長迅速，与「速成」意思相近。〔註132〕

季旭昇：「植」意爲「種植」，不必破讀爲「直」，梧桐樹雖直，但不至「極直」，而且與下「速成」連文，意義當在強調其成長快速，而非強調其外形正直。〔註133〕

陳按：從整理者說。

（4）兼

整理者：「兼」，盡，義爲全部，整個。〔註134〕

〔註129〕季旭昇：〈《上海博物館藏戰國楚竹書（八）·桐頌》考釋〉，《中央研究院歷史語言研究所集刊》第84本第4分，2013年12月，第667頁。

〔註130〕馬承源主編：《上海博物館藏戰國楚竹書（八）》，上海古籍出版社2011年版，第236頁。

〔註131〕王寧：〈《上博八·李頌》通讀〉，簡帛研究網站，2011年10月18日。

〔註132〕魯鑫：〈上博八〈李頌〉綴釋〉，復旦大學出土文獻與古文字研究中心網站，2013年6月8日。

〔註133〕季旭昇：〈《上海博物館藏戰國楚竹書（八）·桐頌》考釋〉，《中央研究院歷史語言研究所集刊》第84本第4分，2013年12月，第667頁。

〔註134〕馬承源主編：《上海博物館藏戰國楚竹書（八）》，上海古籍出版社2011年版，第236頁。

復旦吉大古文字專業研究生聯合讀書會：讀作「速」。〔註 135〕

鄔可晶：簡 2、3 的「是故聖人束此……」，「束」仍當釋讀爲「兼」。簡 1「亟（極）植（直）束（速）成」之「束」亦當釋讀爲「兼」。〔註 136〕

黃浩波：第三字，讀書會初讀爲「束」，通速，後改爲如曹先生讀爲「兼」。竊以爲，第三字可訓「秉」。二「秉」形相合即爲「兼」形。《爾雅》：「秉、拱，執也。」《詩經·小雅·小弁》：「君子秉心。」《詩·大雅·丞民》：「民之秉彝。」《國語·晉語四》有：「濟且秉成，必霸諸侯。」由此，頌詩句中之秉成，應用若秉心、秉彝。由句義而言，此句可讀爲「柜直秉成」。〔註 137〕

王寧：兼，讀書會言原釋文作「兼」，而改釋爲「束」（〈校讀〉註〔8〕），鄔可晶先生認爲仍當釋「兼」（〈校讀〉下第 5 樓、第 6 樓評論），疑是。《說文》：「兼，并也。」〔註 138〕

季旭昇：「束」，簡文作「![字]」，依形當隸爲「兼」，與《上博四·曹沬之陳》簡 4、12 兩「兼」字、及《上博三·周易》「歷（謙）」同，字從二「禾」，「又」形簡化爲二橫筆。唯「兼」與「束」有譌混現象，楚簡所見「速」多作「![字]」，右旁從二「朱」，「朱」字上部作「木」形，不作「禾」形。但《郭店·尊德義》簡 28「速」字作「![字]」，其右旁所從，與〈桐頌〉此字幾乎全同，雖然前此所出「兼」、「束」二形大多可以由偏旁制約來分辨，但偏旁制約本非絕對，因此楚文字「兼」與「束」確有同形現象。〈桐頌〉此字隸爲「兼」，文義較不易疏解（文獻未見「兼成」一詞）；隸爲「束」、讀爲「速」文義較妥。「亟植速成」謂「種植成長都很快速」。梧桐栽培容易，管理簡單，此處以大陸極富盛名而權威的「新農網」介紹的〈梧桐的培植〉來說明：

> 常用播種法繁殖，扦插、分根也可。……播後 4 至 5 周發芽。……
> 正常管理下，當年生苗高可達 50 釐米以上，翌年分栽培養。三年生
> 苗即可出圃。……梧桐栽培容易，管理簡單，又很省水。枝葉繁茂，

〔註 135〕復旦吉大古文字專業研究生聯合讀書會：〈上博八〈李頌〉校讀〉，復旦大學出土文獻與古文字研究中心網站，2011 年 7 月 17 日。

〔註 136〕參見鄔可晶先生在復旦吉大古文字專業研究生聯合讀書會〈上博八〈李頌〉校讀〉（復旦大學出土文獻與古文字研究中心網站，2011 年 7 月 17 日）一文下的評論，2011 年 7 月 17 日。

〔註 137〕黃浩波：〈讀上博八〈杍頌〉箚記〉，武漢大學簡帛研究中心網站，2011 年 8 月 23 日。

〔註 138〕王寧：《上博八·李頌》通讀〉，簡帛研究網站，2011 年 10 月 18 日。

　　綠陰濃濃，因有梧桐引鳳的傳說而具有傳奇色彩。它是我國重要的
　　庭院綠化樹種。

這種生長速度，算是相當迅速的，與簡文稱「亟植速成」相吻合。

　　「亟植速成」好像與君子進德修業，不求速成的刻板印象不合。其實君
子進德修業，並沒有一定要積多年苦功，《論語・述而》：「仁遠乎哉？我欲
仁，斯仁至矣。」《孟子・告子下》：「徐行後長者謂之弟，疾行先長者謂之
不弟。夫徐行者，豈人所不能哉？所不爲也。堯舜之道，孝弟而已矣。子服
堯之服，誦堯之言，行堯之行，是堯而已矣；子服桀之服，誦桀之言，行桀
之行，是桀而已矣。」本句所要表示的是：人性本善，操則存，捨則亡，順
著本性之善，其實進德修業並不難。〔註139〕

　　陳按：整理者釋作「兼」，訓「盡」，可從。《荀子・解蔽》楊注：「兼猶
盡也。」復旦吉大讀書會改釋作「束」，後又認同「兼」的說法。《說文》謂
「兼」「持兩禾」，「秉」則是「持禾」。「兼」與「秉」均爲會意字，「兼」手
持兩禾，「秉」手持一禾，正由於此，「兼」與「秉」均有「又」貫穿「禾」。
或以爲該字可理解作「秉」，從字形看，此說可以排除。至於「兼」，楚簡寫
作 ▓（曾侯乙墓竹簡11）、▓（郭店簡〈語叢・三〉33）、▓（郭店簡〈語
叢・三〉60），是典型的「兼」的寫法。而〈李頌〉所見字作 ▓、▓、▓，
分別見於簡1、簡2、簡3，沒有「又」的構形，而是兩橫筆貫穿兩「禾」，
似與典型的「兼」字不同，倒與「束（速）」字相似，故季旭昇等先生仍強
調其釋作「束（速）」。楚簡中的「束」，如上博簡〈曹沫之陳〉簡54所見 ▓，
整理者讀作「束」，論者從之，該字下半部分可理解爲捆束兩木會「束」義，
另季旭昇先生認爲楚簡「速」係從二「朱」〔註140〕，亦有理據。相關字可
舉例如下：

朱	▓（新蔡簡零・422）	▓（信陽簡2・16）	
束	▓（清華簡〈尹至〉3）		
速	▓（新蔡簡甲3・16）	▓（新蔡簡甲2・22、59）	
	▓（清華簡〈耆夜〉4）	▓（望山簡1・20）	▓（望山簡1・52）
	▓（包山簡2・220）	▓（郭店簡〈尊德義〉28）	

〔註139〕季旭昇：〈《上海博物館藏戰國楚竹書（八）・桐頌》考釋〉，《中央研究院歷史
　　　　語言研究所集刊》第84本第4分，2013年12月，第667～668頁。
〔註140〕季旭昇：《說文新證》，臺灣藝文印書館2002年版，第111、485頁。

雖然在古文字中「木」與「禾」作爲表意偏旁每相通用〔註141〕，且楚簡「速」也有的寫法，但典型的「束（速）」從二「木」，將釋作「束（速）」難有直接的依據。上博簡〈曹沫之陣〉所見「兼」作（簡4）、（簡12）、（簡48），辭例明確（用於「并兼」、「兼愛」），字形與〈李頌〉所見字如出一轍。另上博簡《周易》12的亦從「兼」，讀作「謙」。可見，確是「兼」字，「亟植兼成」謂迅速種下梧桐而能悉數長成，言其存活率高。

（5）成

整理者：「成」，《說文》謂：「就也。」引申爲成熟，長成。〔註142〕

王寧：成，當讀爲盛。「恆直兼盛」是說桐樹生長一直是正直不屈並枝葉茂盛。「盛」與下句之「厚」義相連屬。〔註143〕

（6）砌

整理者：「歛」即「㚒」字，「今」旁作「含」，增「口」爲繁構，古文字習見。《說文》：「㚒，含笑也。」典籍多以「歆」爲之，引申爲悅服、欣羨之意（參見朱駿聲《說文通訓定聲》）。〔註144〕

復旦吉大古文字專業研究生聯合讀書會：「砌」整理者隸爲「歛」，按，該字左從「石」，右所從似爲「斗」，參小篆之「斗」形。承馮師見告，此字右所從疑爲「丩」。〔註145〕

蘇建洲：註釋9提到馮勝君先生分析字右從「丩」，應屬可信。則此字應該就是「厚」，見於《郭店老子甲》36號簡（㫗）。簡文「亟（極）植（直）束（速？兼？）成，厚亓（其）不還」，可能是指桐樹長的又直又厚（厚乃固），不會再倒退縮回去了。〔註146〕

〔註141〕劉釗：《古文字構形學》，福建人民出版社2006年版，第42頁。

〔註142〕馬承源主編：《上海博物館藏戰國楚竹書（八）》，上海古籍出版社2011年版，第236～237頁。

〔註143〕王寧：〈《上博八·李頌》通讀〉，簡帛研究網站，2011年10月18日。

〔註144〕馬承源主編：《上海博物館藏戰國楚竹書（八）》，上海古籍出版社2011年版，第237頁。

〔註145〕復旦吉大古文字專業研究生聯合讀書會：〈上博八〈李頌〉校讀〉註9，復旦大學出土文獻與古文字研究中心網站，2011年7月17日。

〔註146〕參見蘇建洲先生在復旦吉大古文字專業研究生聯合讀書會〈上博八〈李頌〉校讀〉（復旦大學出土文獻與古文字研究中心網站，2011年7月17日）一文下的評論，2011年7月25日。

黃浩波：第二句首字，讀書會指出其從「丩」，可從。同聲相求，宜可讀爲「杸」。《爾雅》：「下句曰杸，上句曰喬。」《疏》：「樹枝下垂而曲，名杸。《詩·周南》云：『南有樛木』是也。」《詩經·周南·樛木》：「南有樛木，葛藟纍之。」鄭玄箋：「木下曲曰樛。」

《尚書大傳·梓材》：「伯禽與康叔見周公，三見而三笞之。康叔有駭色，謂伯禽曰：『有商子者，賢人也。與子見之。』乃見商子而問焉。商子曰：『南山之陽有木焉，名喬。』二三子往觀之，見喬實高高然而上，反以告商子。商子曰：『喬者，父道也。南山之陰有木焉，名梓。』二三子復往觀焉，見梓實晉晉然而俯，反以告商子。商子曰：『梓者，子道也。』」讀爲「杸」不僅與後文之「不遠」相符，而且合於〈梓材〉典故。此亦可作本篇篇名即爲〈梓頌〉之明證。〔註147〕

王寧：厚，讀書會依形隸定爲從石斗聲，又疑右所從爲「丩」（〈校讀〉註〔9〕）。按：蘇建洲先生認爲當釋「厚」（〈校讀〉下第22樓評論），可從。厚，《國語·魯語》「不厚其棟」，韋注：「厚，大也。」還，通旋，這裏是彎曲的意思。〔註148〕

魯鑫：細審照片，當從馮勝君先生之說隸定爲「矴」。蘇建洲先生將此字與郭店楚簡《老子（甲篇）》簡36中讀爲「厚」的 字聯繫起來，甚確。
〔註149〕

季旭昇：此字右旁稍殘泐，但還是可以看出大部分的筆畫。就目前已知的楚系文字偏旁來看，無論釋爲什麼偏旁，都很難完全吻合。戰國文字形體變化本來就很複雜，我們不能完全要求與已知字形全同，只能要求字形變化合理。以下本文對幾種說法一一進行分析。

原整理者隸此字右旁從「欠」。楚系的「欠」旁與此相去較遠，應不可能。〈李頌校讀〉提出二說，其一以爲從「斗」，也不可信，楚簡「斗」字，《上博一·緇衣》簡15作「 」，《上博三·周易》簡42「斜」作「 」，右旁所從「斗」亦與本簡此字頗有差異。第二說引馮勝君說以爲從「丩」。此說有

〔註147〕黃浩波：〈讀上博八〈杸頌〉箚記〉，武漢大學簡帛研究中心網站，2011年8月23日。
〔註148〕王寧：《〈上博八·李頌〉通讀》，簡帛研究網站，2011年10月18日。
〔註149〕魯鑫：〈上博八〈李頌〉綴釋〉，復旦大學出土文獻與古文字研究中心網站，2013年6月8日。

成立的可能。《包》260「一 ![字] 牀」，學者多釋「一凵牀」，以爲即出土實物中的「折疊牀」。「一凵牀」的「凵」字與本簡此字類似，只是末筆凹面有向右跟向左的不同。又，《上博一‧孔子詩論》簡6「二句（后）受之」，「句（后）」字作「![字]」，其上所從「凵」與本簡此偏旁相當接近，只是《上博一》「句（后）」字假借爲「后」，所以把右下的部分改造成「卪」形吧！

此外，我們也可以考慮此一偏旁也有可能是「印」。《上博四‧柬大王泊旱》簡14「王 ![字] 而〔天〕 ![字] 而泣」，「王」後一字舊釋「凵」，從上引〈孔子詩論〉簡6「句」字來看，當然也有一定的道理。陳劍先生〈上博竹書〈昭王與龔之脽〉和〈柬大王泊旱〉讀後記〉則釋爲「王仰天呼而泣」，並於註25云：

> 「泣」字之釋見前註所引季旭昇先生《〈上博四‧柬大王泊旱〉三題》。「天」下之字其形前所未見，與本篇簡23「 」字比較可知同於「 」字之下半。戰國文字中常有出人意表的省略，頗疑此字即「 」省去「虍」而成之省體，「 」可讀爲「呼」，「仰天而呼」、「仰天大呼」一類説法古書多見。

陳文釋「![字]」字爲「印」讀爲「仰」，於簡文形義均洽，比釋爲「凵」好。又，《上博一‧孔子詩論》10「色」字作「![字]」（「色」爲「印」的分化字），左從「爪」，右旁的「卪」形極省。形構與本簡此字相當接近。

此字作「![字]」，右旁稍模糊，還原後有兩種可能：「![字]」、「![字]」，綜合前面的字形分析，我們可以說此字右旁從「凵」從「印」的可能性都有（楚簡「凵」、「印」於此幾乎譌混爲同形）。此時，文義佔了關鍵性的作用。

釋爲從「凵」，前引蘇文讀爲「厚」，於本篇中不是很理想，梧桐樹較難用「厚」來形容。如果分析爲從石從印，隸作「砏」，則可讀爲「昂」，謂梧桐向上昂然伸展。上句謂「亟植速成」，下句謂「向上昂然伸展」，文義銜接較爲合理。〔註150〕

陳按：![字] 字的釋讀尚存疑義，下文的「不還」也不易理解。該字右所從近於篆書「欠」，然與楚竹書「欠」不類。茲暫從馮勝君先生說，隸作「砅」。

〔註150〕季旭昇：〈《上海博物館藏戰國楚竹書（八）‧桐頌》考釋〉，《中央研究院歷史語言研究所集刊》第84本第4分，2013年12月，第668～669頁。

該字右部雖殘泐，但仍能看出「丩」的筆勢。蘇建洲先生已經指出該字可能是「厚」字。按楚簡的「厚」字從「石」，附以毛、戈等形。而郭店簡《老子·甲》36 所見 ![圖]、上博簡〈容成氏〉52 所見 ![圖] 則從「句」得聲〔註151〕，是「厚」字或體。〈李頌〉的 ![圖] 從「丩」，可與之相較。「句」從丩聲，如「喬」字，或從句，或從丩。郭店簡《老子·甲》36 所見「辱」字作 ![圖]，與「厚」音形均近。上博簡〈曹沫之陳〉30 的「厚食」，陳劍先生指出「厚食」與「蓐食」義同〔註152〕。《方言》卷十二：「蓐，厚也。」《廣雅·釋詁三下》：「蓐，厚也。」《說文》云：「蓐，陳艸復生也。」徐鍇繫傳：「言草繁多也。」 ![圖] 或可讀作「厚」或「蓐」，形容草木繁密，與下句的「亢」相呼應，均爲稱頌梧桐的修飾語。梧桐綠蔭深濃，故有此說。

（7）不還

整理者：「還」，返回。……「不還」亦見《楚辭·九章·悲回風》：「孤子唫而抆淚兮，放子出而不還。」〔註153〕

魯鑫：然則「厚其不還可」當是針對上句「亟殖速成」而言。「亟殖速成」易生虛浮、輕薄之病，所以作賦者用「厚其不還可」作爲補充。「厚」者，重愼而不輕佻。《禮記·曲禮上》：「以厚其別也。」鄭玄注：「厚，重愼也。」「還」可讀爲「儇」。「還」字上古音屬匣母元部韻，「儇」字是曉母元部韻，二字韻部相同，聲母俱屬喉音，於理可通。《荀子·禮論》：「設掩面、儇目。」楊倞注：「儇與還同，繞也。」是其證。「儇」者，慧也，利也，引伸爲輕薄、讒佞。《荀子·非相》：「今世俗之亂君，鄉曲之儇子，莫不美麗妖冶。」楊倞注：「《方言》儇，疾也，慧也……輕薄巧慧之子也。」《楚辭·惜頌》：「忘儇媚以背衆兮，待明君其知之。」王逸注：「儇，佞也。」所以，「厚其不還可」的意思是說：厚重而不輕薄，愼言而不讒佞。聯繫上句可知，作賦者旨在表彰桐樹雖然「極直速成」，卻紮實穩重，全無虛浮輕佻的毛病。

〔註151〕參見馮勝君《論郭店簡〈唐虞之道〉、〈忠信之道〉、〈語叢〉一～三以及上博簡〈緇衣〉爲具有齊系文字特點的抄本》，北京大學博士後研究工作報告，2004年8月；白於藍編著：《戰國秦漢簡帛古書通假字彙纂》，福建人民出版社2012年版，第169頁。

〔註152〕陳劍：〈上博竹書〈曹沫之陳〉新編釋文（稿）〉，簡帛研究網站，2005年2月12日。

〔註153〕馬承源主編：《上海博物館藏戰國楚竹書（八）》，上海古籍出版社2011年版，第237頁。

〔註154〕

季旭昇：還，退還、反顧，參《故訓匯纂》頁 2315。「昂其不還兮」意謂梧桐樹向上昂然伸展而不向下彎曲，比喻高潔之士不苟且隨俗。〔註155〕

陳按：「不還」，殆指梧桐豐茂而不萎縮。

7. 深利多（終？）豆，奎（亢）亓（其）不弍（貳）可（兮）。

（1）句解

該句整理者作「深利多（終）豆（逗），夸亓（其）不弍（貳）可（兮）」，整理者指出，簡文「深利終逗，夸其不貳兮」句，與《楚辭·九章·橘頌》「深固難徙，更壹志兮」，可互相發明〔註156〕。復旦吉大古文字專業研究生聯合讀書會作「深利开豆，奎（剛）亓（其）不弍（貳）可（兮）」〔註157〕。王寧先生讀作「深利俎豆，亢其不弍兮」，認為二句的意思可能是：桐樹被做成深深的俎豆，祭祀燕饗時陳列於壇臺案几之上，雖然居於高位，然其本性無所改變〔註158〕。季旭昇先生作「深利（戾/結）开（堅）豆（豎），亢亓（其）不弍（貳）可（兮）」〔註159〕。筆者作「深利多（終？）豆，奎（亢）亓（其）不弍（貳）可（兮）」。全句謂梧桐樹根深扎，剛強而不屈，專一無二心。

「深利多（？）豆」，筆者疑讀作「深麗終屬」，當指梧桐樹根在地底深扎連綿的狀態。「深麗終屬」當與上文的「亙植兼成」照應，即「深」是「麗」的狀語，「終」是「屬」的狀語，說的是梧桐樹根的情狀。且「兼成」、「終屬」分別是「亙植」、「深麗」的結果。準此，以下相連的兩句事實上已經是對仗的形式：

〔註154〕魯鑫：〈上博八〈李頌〉綴釋〉，復旦大學出土文獻與古文字研究中心網站，2013 年 6 月 8 日。

〔註155〕季旭昇：〈《上海博物館藏戰國楚竹書（八）·桐頌》考釋〉，《中央研究院歷史語言研究所集刊》第 84 本第 4 分，2013 年 12 月，第 669 頁。

〔註156〕馬承源主編：《上海博物館藏戰國楚竹書（八）》，上海古籍出版社 2011 年版，第 231、237 頁。

〔註157〕復旦吉大古文字專業研究生聯合讀書會：〈上博八〈李頌〉校讀〉，復旦大學出土文獻與古文字研究中心網站，2011 年 7 月 17 日。

〔註158〕王寧：〈《上博八·李頌》通讀〉，簡帛研究網站，2011 年 10 月 18 日。

〔註159〕季旭昇：〈《上海博物館藏戰國楚竹書（八）·桐頌》考釋〉，《中央研究院歷史語言研究所集刊》第 84 本第 4 分，2013 年 12 月，第 652 頁。

　　　　亞植兼成，厚其不還兮。
　　　　深麗終屬，元其不貳兮。

前者指枝繁葉茂，後者指根深柢固。兩句詩義可參枚乘〈七發〉：「龍門之桐，高百尺而無枝。中鬱結之輪菌，根扶疏以分離。」晉夏侯湛潛〈桐賦〉：「闡洪根以誕茂，豐修幹以繁生。」

　　（2）深

　　整理者：「深」，深入。……此處指樹根往下深扎。……《楚辭·九章·橘頌》「深固難徙」，謂橘樹根深堅固，「深」字用法與簡文同。〔註160〕

　　陳按：「深」如整理者所說，指樹根深扎。梧桐以深根著稱，故有此說。

　　（3）利

　　整理者：「利」，順應，適宜。〔註161〕

　　王寧：深利开豆，利，當讀若《易·乾·文言》「利物足以和義」之「利」，《集解》引何妥曰：「利者，裁成也。」《上博七·鄭子家喪》「使子家利木三寸」之「利」亦當如是解，「利木三寸」字面上解是裁成三寸的木板，眞正的意思是用裁成三寸厚的薄木板做棺材，故這裏的「利」可理解爲裁製、製作之意。〔註162〕

　　傅修才：樹木深入纔能固定根柢，如此纔能有利於長久生存，正如張衡〈西京賦〉言：「流長則難竭，柢深則難朽。」整理者對「深利」的解釋是準確的。〔註163〕

　　魯鑫：「利」疑讀爲「麗」。「利」，來母質部韻，「麗」，來母歌部韻，二字雙聲，韻部有旁對轉的關係。《左傳》成公十七年：「公遊于匠麗氏。」《大戴禮記·保傅》作「匠黎」，是「麗」、「黎」二字可通，而「黎」又從「利」得聲，故「利」、「麗」二字可通。「麗」者，附也，著也。《周易·離》：「離者，麗也，日月麗乎天。」《左傳》宣公十二年：「射麋，麗龜。」杜注：「麗，著也。」〔註164〕

〔註160〕馬承源主編：《上海博物館藏戰國楚竹書（八）》，上海古籍出版社2011年版，第237～238頁。
〔註161〕同上，第238頁。
〔註162〕王寧：〈《上博八·李頌》通讀〉，簡帛研究網站，2011年10月18日
〔註163〕傅修才：〈古文字考釋（三篇）〉，中山大學碩士學位論文，2012年5月。
〔註164〕魯鑫：〈上博八〈李頌〉綴釋〉，復旦大學出土文獻與古文字研究中心網站，2013年6月8日。

季旭昇：「深」，原整理者所釋可從。「利（來母脂部）」似當讀爲「戾（來母脂部）」或「結（見母質部）」，「戾」，止也，指樹根深入地下；結指樹根盤結地下，古詩十九首之八「冉冉孤生竹，結根太山阿」。〔註165〕

陳按：整理者認爲「利」訓順應、適宜，文義難通。魯鑫先生讀作「麗」，有一定道理。從「利」之字與從「丽」之字每相通〔註166〕，「麗」可訓附著，篇中當指梧桐之根緊緊附著於地。另「利」也有可能如字讀，其由鋒利、便利等義引申出暢利、疏通義，《禮記·月令》云：「修利隄防。」〔註167〕總之，此處的「利」當指梧桐樹根向下伸展。

（4）冬

整理者：「冬」，古文「終」字，見《說文》。楚簡「終」字均寫作「冬」。……終，表示時間，相當於「常」、「久」。〔註168〕

復旦吉大古文字專業研究生聯合讀書會：「戼」，整理者隸爲「冬」。按，此字字形與簡1的「各」所從之「冬」不同。〔註169〕

王寧：戼，整理者隸爲「冬」，讀書會釋爲「戼」，筆者未見原字形，猜測頗疑是「且」或「俎」字之殘泐，此二字古文上部並與「冬」、「戼」相近（可參看《金文編》923 頁收〈門且丁簋〉及 924 頁收〈王孫鐘〉、〈王子午鼎〉裏的「且」字）。且、俎古通用。「俎豆」連文古書常見，《論語·衛靈公》「俎豆之事則嘗聞之矣」，《莊子·庚桑楚》「今以畏壘之細民而竊竊焉欲俎豆予于賢人之間」。俎、豆爲古之祭祀燕饗用器，或以木爲之。深利俎豆，字面上解是深深地製作成俎豆，實際是說桐木可以製作成深可容物的俎豆。〔註170〕

傅修才：楚文字中，「戼」和從「戼」之字有如下諸例：

戼：上博二〈容成氏〉14　　清華貳〈繫年〉71

〔註165〕季旭昇：〈《上海博物館藏戰國楚竹書（八）·桐頌》考釋〉，《中央研究院歷史語言研究所集刊》第 84 本第 4 分，2013 年 12 月，第 670 頁。
〔註166〕張儒、劉毓慶：《漢字通用聲素研究》，山西古籍出版社 2002 年版，第 775 頁。
〔註167〕參見黃德寬主編《古文字譜系疏證》，商務印書館 2007 年版，第 3081 頁。
〔註168〕馬承源主編：《上海博物館藏戰國楚竹書（八）》，上海古籍出版社 2011 年版，第 238 頁。
〔註169〕復旦吉大古文字專業研究生聯合讀書會：〈上博八〈李頌〉校讀〉註 10，復旦大學出土文獻與古文字研究中心網站，2011 年 7 月 17 日。
〔註170〕王寧：〈《上博八·李頌》通讀〉，簡帛研究網站，2011 年 10 月 18 日。

盰：包山 120

蚒：郭店〈語叢四〉18

筓：天星觀

莫：葛陵甲三 323

訐：上博五〈融師有成氏〉7

覎：清華壹〈皇門〉1

汧：清華貳〈繫年〉122

由上述字形，我們可以看到，楚文字中的「玕」字的字形是比較固定的，一般是兩「干」形上加兩橫筆，而且左右兩形大小相同。B 左下爲「」畫，右下爲「」畫，它們上端都沒有貫通的橫筆，尤其是 B 右旁上面並無橫筆，至於左旁上的兩短橫筆恐並非 B 字筆劃，而是簡上墨蹟殘餘。

　　因此我們認爲，整理者將 B 字釋作「終」字古文是對的。讀書會反對將 B 釋作「冬」的出發點就是它與簡 1 的「各」字上部所從不同。簡 1 的「各」字作「」，乍看之下，B 確實與「各」字上部有異。然楚文字中「終」的古文寫法較多，同一書手在寫「冬」或「終」時往往會有不同的形體，例如：

　　郭店簡《老甲》：簡 8　簡 11　簡 15

　　郭店簡〈緇衣〉：簡 12　簡 34

　　上博七〈凡物流形〉甲本：簡 3　簡 18　簡 25

在郭店簡《老甲》、〈緇衣〉篇中，「終」字古文作爲單字和偏旁時形體迥然有別，〈李頌〉篇的情況亦與此相同。B 與上博七〈凡物流形〉甲本簡 18 的「終」字形體最爲相似，不同之處在 B 豎彎筆上是兩橫筆，「終」字古文的這種寫法很常見，如：

　　郭店〈語叢四〉3　　　　　新蔡甲三 224

　　上博一〈緇衣〉17　　　　上博三〈周易〉9

因此，B 釋爲「終」是可信的。

　　……「終豆」，整理者讀爲「終逗」，謂與上句的「不還」正相呼應。從

〈李頌〉的篇章結構看，每句意義皆自成系統，「終豆」與上句的「不還」實無牽涉，而讀爲「終逗」，也無法理順本句的意義。我們認爲，「終」字在簡文當如字讀，訓爲常久，《墨子・尚賢上》：「故官無常貴，而民無終貧。」《荀子・勸學》：「吾嘗終日而思矣，不如須臾之所學也。」〔註171〕

魯鑫：「幵」可讀爲「堅」。「幵」、「堅」俱屬見母元部韻。《詩經・齊風・還》：「並驅從兩肩兮。」《釋文》：「肩本亦作豜。」《史記・仲尼弟子列傳》有「公堅定」，《孔子家語》作「公肩定」。故「幵」、「堅」二字可相通假。〔註172〕

季旭昇：原考釋所隸「冬」，讀書會改隸「幵」，依照片字形作「![字形]」，與簡1「冬」字作「![字形]」明顯不同，隸「幵」可從。「幵」讀爲「堅」，二字皆爲「古賢切」，上古同音。〔註173〕

陳按：![字形]，復旦吉大讀書會改釋作「幵」〔註174〕，依據是該字字形與簡1的「各」所從之「冬」不同。不過傅修才先生指出同一書手在寫「冬」或「終」時往往會有不同的形體，傅先生的解釋有一定道理。該字與常見的「幵」字並不相同，暫從整理者說。

（5）豆

整理者：「豆」，讀爲「逗」，「逗」從「豆」聲，例可相通。逗，止，停留。……簡文此句之「終逗」，與上句之「不還」正相呼應。〔註175〕

傅修才：「豆」在簡文中應讀爲「豎」，「豎」字從「豆」得聲，故「豆」、

〔註171〕傅修才：〈古文字考釋（三篇）〉，中山大學碩士學位論文，2012 年 5 月。

〔註172〕魯鑫：〈上博八〈李頌〉綴釋〉，復旦大學出土文獻與古文字研究中心網站，2013 年 6 月 8 日。

〔註173〕季旭昇：〈《上海博物館藏戰國楚竹書（八）・桐頌》考釋〉，《中央研究院歷史語言研究所集刊》第 84 本第 4 分，2013 年 12 月，第 670 頁。

〔註174〕筆者曾依從此說，認爲可讀作「衍」。「幵」與「衍」並隸元部，且見紐與喻四有許多相通的例子。「幵」與「衍」是通用聲素，「幵」與「干」也是通用聲素。楚簡中「訏」與「衍」每相通，此外尚有許多從「干」的字與從「衍」的字相通的例子。故「幵」讀作「衍」並無問題。「衍」可指植物孳生繁茂。《管子・八觀》云：「薦草多衍，則六畜易繁也。」張衡〈西京賦〉云：「筱蕩敷衍，編町成篁。」李善注云：「衍，蔓也。」另「衍」訓廣大，可修飾「屬」。聯繫上下文，「衍」或指梧桐樹根蔓生拓展的情狀。不過從字形看，該字爲「幵」的可能性並不大。

〔註175〕馬承源主編：《上海博物館藏戰國楚竹書（八）》，上海古籍出版社 2011 年版，第 238 頁。

「豎」可相通。《說文・臤部》：「豎，豎立也。」《後漢書・靈帝紀》：「多十月壬午，御殿後槐樹自拔倒豎。」「深利終豎」，意謂深扎生長有利於樹木始終直立，下句「剛其不貳」吟詠人剛直不背叛的品格，正是從樹木直立成形引申而來，上下文意相符，一氣呵成。〔註176〕

　　魯鑫：「豆」，曹錦炎先生讀爲「逗」，釋爲止，其說可從。綜上所述，「深利（麗）开（堅）豆（逗）」可解釋爲：深深地附著、牢牢地扎根（在土壤之中）。此猶《楚辭・橘頌》之「深固難徙」，亦猶《老子》第五十九章之「深根固柢」也。〔註177〕

　　季旭昇：「豆」讀爲「豎」（「豎」從豆得聲）。深戾（結）堅豎，謂桐樹根向下深深盤結，樹幹堅立地表，比喻高潔之士學問篤實，德行堅毅。〔註178〕

　　陳按：「豆」，整理者讀作「逗」，可疑。傅修才先生與季旭昇先生讀作「豎」，可備一解。筆者懷疑「豆」或可讀作「屬」，「豆」以及從「豆」的字常通作「屬」，如郭店簡《老子・甲》所見「豆」便對應今本及帛書本的「屬」。《呂氏春秋・精通》：「兔絲非無根也，其根不屬也，伏苓是。」「屬」，高注訓「連」。「屬」或指涉樹根綴連。結合前後文看，「豆」應指梧桐樹根的情形，待考。

　　（6）奎

　　整理者：「夸」，美好，義同「姱」……《楚辭・九章・橘頌》：「紛緼宜修，姱而不醜兮。」

　　復旦吉大古文字專業研究生聯合讀書會：「奎」整理者釋爲「夸」，今依陳劍先生〈試說戰國文字中寫法特殊的「兇」和從「兇」諸字〉（《出土文獻與古文字研究》第3輯，第152～182頁，復旦大學出版社，2010年7月）一文讀爲「剛」。字形則依單育辰〈談清華簡中的「主舟」〉一文（待刊）隸定爲「奎」。〔註179〕

〔註176〕傅修才：〈古文字考釋（三篇）〉，中山大學碩士學位論文，2012年5月。

〔註177〕魯鑫：〈上博八〈李頌〉綴釋〉，復旦大學出土文獻與古文字研究中心網站，2013年6月8日。

〔註178〕季旭昇：〈《上海博物館藏戰國楚竹書（八）・桐頌》考釋〉，《中央研究院歷史語言研究所集刊》第84本第4分，2013年12月，第670頁。

〔註179〕復旦吉大古文字專業研究生聯合讀書會：〈上博八〈李頌〉校讀〉註11，復旦大學出土文獻與古文字研究中心網站，2011年7月17日。

王寧：奎（剛）亓（其）不弎：首字讀書會根據陳劍先生說括讀爲「剛」，陳劍先生文中以爲是「亢」字，是也。此當釋爲「亢」，不必破讀，依字讀爲不卑不亢、亢直之「亢」，言不卑屈，故曰「不弎」。〔註180〕

亢，讀書會依形隸定爲上大下主，據陳劍先生〈試說戰國文字中寫法特殊的「亢」和從「亢」諸字〉一文讀爲「剛」（〈校讀〉註〔11〕）。余在〈閑詁〉一文中認爲當從陳劍先生說直接釋爲「亢」，依字讀爲不卑不亢、亢直之「亢」，言不卑屈，可能亦不確當。亢古訓高，《廣雅·釋詁四》：「亢，高也。」《易·乾·上九》「亢龍有悔」，王肅注：「窮高曰亢。」這裏當是高位之義。〔註181〕

季旭昇：「亢」，簡文作「」，此字說者多家，主要有「奎」、「夸」、「亢」三說。陳劍先生〈試說戰國文字中寫法特殊的「亢」和從「亢」諸字〉一文詳舉例證，說明此字應讀「陽」韻。據此，釋「亢（見母陽部）」釋「夸（溪母魚部）」均有可能，二字聲近，韻爲陽陰對轉。今姑依陳文隸「亢」，意爲「高」。〈李頌校讀〉讀「亢」爲「剛」，與梧桐木性軟不合。以詞義而言，「亢」可以包含「剛」，「剛」不能包含「亢」。「亢其不弎（貳）」即「亢然不二」，意謂桐樹深結堅豎，高大正直，難以遷徙，比喻高潔之士，修仁守義，不移志節。〔註182〕

陳按：「奎」，整理者隸作「夸」，復旦吉大讀書會據陳劍先生〈試說戰國文字中寫法特殊的「亢」和從「亢」諸字〉改釋，並讀作「剛」。王寧先生認爲可直接讀作「亢」，可從。《廣雅·釋詁四》云：「亢，強也。」「亢」與「剛」、「強」等義近。不過王寧、季旭昇二位先生將其解釋作「高」，筆者則以爲「亢」說的是梧桐樹根的情形。

（7）亓

整理者：「亓」，同「其」，代詞。〔註183〕

陳按：此處的「其」並非代詞，而是用作虛詞。《楚辭》中「其」常用作

〔註180〕王寧：〈《上博八·李頌》閑詁〉，武漢大學簡帛研究中心網站，2011 年 8 月 25 日。

〔註181〕王寧：〈《上博八·李頌》通讀〉，簡帛研究網站，2011 年 10 月 18 日。

〔註182〕季旭昇：〈《上海博物館藏戰國楚竹書（八）·桐頌》考釋〉，《中央研究院歷史語言研究所集刊》第 84 本第 4 分，2013 年 12 月，第 671 頁。

〔註183〕馬承源主編：《上海博物館藏戰國楚竹書（八）》，上海古籍出版社 2011 年版，第 238 頁。

連詞。

（8）不弍

整理者：「弍」，「二」之古文，通「貳」。《說文》：「貳，副益也。從貝，弍聲。弍，古文二。」貳，變易，更動，不專一……「不弍」，即「不貳」，專一，無二心。《楚辭·九章·惜誦》：「事君而不貳兮。」〔註184〕

魯鑫：「貳」，變易也。《詩經·小雅·都人士》序：「古者長民，衣服不貳。」鄭玄箋：「變易無常謂之貳。」「夻（剛）其不贰可」是說桐樹強固而難於移徙，這正是由於其根系能深固附著在土壤中的緣故。〔註185〕

8. 𤉣（亂）本曾枳（枝），潯（浸）剴（毀）｜可（兮）。

（1）句解

該句整理者作「𤉣（亂）木曾枳（枝），潯剴（毀）｜可（兮）」〔註186〕，復旦吉大古文字專業研究生聯合讀書會作「亂木曾枳（枝），潯（浸）剴（毀）｜（彰？）可（兮）」〔註187〕。黃浩波先生認為：「句義謂：生長環境惡劣，有亂木層枝阻礙，也難毀梓樹之生長、高峻。」〔註188〕王寧先生認為，「亂木層枝，侵毀其次兮」，此言桐樹本排列有序地生長，而淩亂生長的雜木來侵毀其次序，喻指聖賢本當各有其位次，而為小人侵毀擾亂之也〔註189〕。季旭昇先生作「𤉣（亂）本曾（層）枳（枝），潯（浸）剴（毀）｜（損）可（兮）」〔註190〕。筆者作「𤉣（亂）本曾枳（枝），潯（浸）剴（毀）｜可（兮）」。全句謂雜木的亂根錯節侵損梧桐。

（2）𤉣本

〔註184〕同上。
〔註185〕魯鑫：〈上博八〈李頌〉綴釋〉，復旦大學出土文獻與古文字研究中心網站，2013年6月8日。
〔註186〕馬承源主編：《上海博物館藏戰國楚竹書（八）》，上海古籍出版社2011年版，第237頁。
〔註187〕復旦吉大古文字專業研究生聯合讀書會：〈上博八〈李頌〉校讀〉，復旦大學出土文獻與古文字研究中心網站，2011年7月17日。
〔註188〕黃浩波：〈讀上博八〈杍頌〉箚記〉，武漢大學簡帛研究中心網站，2011年8月23日。
〔註189〕王寧：《〈上博八·李頌〉通讀》，簡帛研究網站，2011年10月18日。
〔註190〕季旭昇：〈《上海博物館藏戰國楚竹書（八）·桐頌》考釋〉，《中央研究院歷史語言研究所集刊》第84本第4分，2013年12月，第652頁。

整理者：「𤔒」，即「亂」字，構形與魏正始石經古文「亂」字同，其寫法也見於長沙楚帛書、包山楚簡和郭店楚簡。亂，雜亂，無條理。……「亂木」猶言「雜樹」。〔註191〕

復旦吉大古文字專業研究生聯合讀書會：「木」，或認爲此字應釋爲「本」。〔註192〕

王寧：本，樹根，一曰樹幹，《廣雅·釋木》：「本，幹也。」〔註193〕

季旭昇：「本」字原圖形作「米」，豎筆下端有短橫筆，與本篇「木」字作「米」有明顯的不同。楚簡「本」字多作「本」（《上博三·中弓》簡23），下加「臼」形；但是也有不加「臼」形作「本」的（《上博一·孔子詩論》簡16），與本簡此字只有豎筆下端作圓點與短橫的不同。因此，〈李頌校讀〉註的「或說」應該是比較合理的，「亂木曾枳（枝）」應作「亂本曾（層）枳（枝）」，「亂本」指榛棘的亂根；「層枝」指榛棘層層的枝葉，全句謂榛棘雜木的樹根糾亂、樹枝繁條，妨礙了桐樹的生長，比喻小人勢力盤根錯節，紛亂坐大，陷害高潔之士。〔註194〕

陳按：「本」，整理者釋作「木」，復旦吉大讀書會從之，同時指出可能是「本」。從圖版上看，確作「本」之形。通篇「木」字凡五見，均爲常見的「木」字，與之不類。本，即樹根。《說文》云：「本，木下曰本。」《呂氏春秋·辯土》高誘注：「本，根也。」所謂「亂本」，與前文的「深利終（？）豆，亢其不貳兮」相照應；所謂「曾枝」，與上文的「亟植速成，厚（？）其不還兮」相呼應。可見，該字釋作「本」在文義上更長。

（3）曾枳

整理者：「曾」，通「層」，義爲重疊。……「枳」，讀爲「枝」。《廣雅·釋木》：「枳，枝也。」《韓詩外傳》卷二二十三章「陰其樹者，不折其枝」，郭店楚簡〈語叢四〉作「利木陰者，不折其枝」，……「曾枝」，枝條重累，

〔註191〕 馬承源主編：《上海博物館藏戰國楚竹書（八）》，上海古籍出版社2011年版，第238頁。

〔註192〕 復旦吉大古文字專業研究生聯合讀書會：〈上博八〈李頌〉校讀〉註12，復旦大學出土文獻與古文字研究中心網站，2011年7月17日。

〔註193〕 王寧：《上博八·李頌》通讀〉，簡帛研究網站，2011年10月18日。

〔註194〕 季旭昇：《上海博物館藏戰國楚竹書（八）·桐頌》考釋〉，《中央研究院歷史語言研究所集刊》第84本第4分，2013年12月，第671頁。

見《楚辭・九章・橘頌》：「曾枝剡棘。」王逸注：「言橘枝重累，又有利棘。」「曾枝」與簡文意思相同。〔註 195〕

　　王寧：曾，同層，《楚辭・惜誦》「願曾思而遠身」，王逸注：「曾，重也」；又〈招魂〉「層臺累榭」，王逸注「層，重也」，曾、層義同。枳，讀書會括讀爲枝。古多以枝、幹同舉，故這裏的「亂本」當指淩亂而生的樹幹，「層枝」乃重累層生之樹枝，均指無序生長的雜木，喻指小人。〔註 196〕

　　（4）瀋剈

　　整理者：「瀋」，即「寖」字，《說文》作「濅」，字同「浸」……副詞，漸漸……又，簡文「寖」字若讀爲「侵」，亦通。……「濅」、「侵」兩字聲符相同（皆從「雯（寻）」聲），可以相通。侵，亦可訓侵害，損傷。……「剈」，即「毀」字異構，古文字義近偏旁往往互作，兩者所從聲符也相同（郭店楚簡〈窮達以時〉「礜（譽）𡉙（毀）才（在）仿（旁）」，「毀」字作「𡉙」）。毀，毀壞，破壞。……「侵毀」，侵害，破壞，見《後漢書・王景傳》：「河決積久，日月侵毀，濟渠所漂數十許縣。」〔註 197〕

　　王寧：寖毀，寖字右下不從又從巾；毀，原字右從刀。讀書會括讀爲「浸毀」。按：當讀爲「侵毀」，《後漢書・循吏傳・王景》：「河決積久，日月侵毀，濟渠所漂數十許縣。」〔註 198〕

　　季旭昇：簡文「毀」字嚴式隸定應作「剈」，左下從「壬」，《說文》古文作「毀」，右旁與簡文同，由「土」旁繁化爲「壬」。〔註 199〕

　　（5）丨

　　整理者：「丨」，字亦見郭店楚簡〈緇衣〉引《詩》：「出言又（有）丨，利（黎）民所訐。」簡本引詩有刪節，《詩》之用字與今本有異：「丨」今本作「章」；「黎」今本作「萬」；「訐」今本作「望」。對郭店楚簡〈緇衣〉的「丨」字，釋讀各異，裘錫圭先生指出，「丨」即甲骨文「羌」旁所從的上部，當爲

〔註 195〕馬承源主編：《上海博物館藏戰國楚竹書（八）》，上海古籍出版社 2011 年版，第 238〜239 頁。
〔註 196〕王寧：《上博八・李頌》通讀》，簡帛研究網站，2011 年 10 月 18 日。
〔註 197〕馬承源主編：《上海博物館藏戰國楚竹書（八）》，上海古籍出版社 2011 年版，第 239 頁。
〔註 198〕王寧：《上博八・李頌》通讀》，簡帛研究網站，2011 年 10 月 18 日。
〔註 199〕季旭昇：《上海博物館藏戰國楚竹書（八）・桐頌》考釋》，《中央研究院歷史語言研究所集刊》第 84 本第 4 分，2013 年 12 月，第 672 頁。

「針」之象形初文，楚簡用爲「愼」字的聲旁，簡文可讀爲「遜」或「愼」（參見裘錫圭〈釋郭店簡〈緇衣〉「出言有丨，黎民所訂」〉）。按裘說甚是。上海博物館藏竹書〈凡物流形〉：「天下亡不又丨（章）」，「丨」讀爲「章」文通字順，可見今本〈緇衣〉作「章」應有所據。從本簡「丨」字的用法看，「丨」字也應讀爲「章」。章，大木材。《史記·貨殖列傳》：「水居千石魚陂，山居千章之材。」裴駰《集解》引如淳曰：「章，大材也。」〔註200〕

復旦吉大古文字專業研究生聯合讀書會：「丨」整理者釋爲「章」訓爲大木材。按，依出土文獻看，「丨」應爲陽部韻，參看單育辰：〈〈容成氏〉文本集釋及相關問題研究〉（吉林大學 2008 年「985 工程」研究生創新基金資助項目，第 14～15、31～38 頁，完成日期：2009 年 2 月 20 日），此處暫讀爲「彰」。又蒙單育辰告知，「丨」在楚簡中出現多次，皆不能準確釋出，「丨」會不會有表示缺字的符號的可能。〔註 201〕

鄔可晶：「溿（浸）剀（毀）丨（彰？·陽部）可（兮）」，「丨」與其看作陽部字，還不如認爲即《說文·一上·丨部》「引而上行讀若囟」的「丨」，「讀若囟」則屬眞部，與其上句「剛其不貳」的脂部字「貳」正可押韻（脂、眞陰陽對轉）。〔註 202〕

黃浩波：丨，讀書會初讀爲「彰」，後改讀爲《說文解字》：「引而上行讀若囟」之「丨」，可從。段玉裁《《說文解字》注》：「引而上行讀若囟。囟之言進也。引而下行讀若**退**。可上可下。故曰下上通。竹部曰。篆、引書也。凡字之直。有引而上、引而下之不同。若『至』字當引而下、『不』字當引而上，又若『才』『屮』『木』『生』字皆當引而上之類是也。分用之則音讀各異。讀若囟在十三部。讀若**退**在十五部。今音思二切。囟之**雙聲**也。又音古本切。凡丨之屬皆從丨。」考「才」「屮」「木」「生」諸字形意，皆草木初生之意，其形皆若草木初生之狀；而草木初生之狀皆直立向上，由此推之，「丨」之本義當謂草木初生之莖杆或生長直上之貌。《釋名·釋形體》：「囟，

〔註200〕馬承源主編：《上海博物館藏戰國楚竹書（八）》，上海古籍出版社 2011 年版，第 239 頁。

〔註201〕復旦吉大古文字專業研究生聯合讀書會：〈上博八〈李頌〉校讀〉註 13，復旦大學出土文獻與古文字研究中心網站，2011 年 7 月 17 日。

〔註202〕參見鄔可晶先生在復旦吉大古文字專業研究生聯合讀書會〈上博八〈李頌〉校讀〉（復旦大學出土文獻與古文字研究中心網站，2011 年 7 月 17 日）一文下的評論，2011 年 7 月 17 日。

峻也，所生高峻也。」梓樹樹幹挺直，樹高可達十五米，樹姿雄偉，句中之「｜」當言其樹幹、樹姿高峻。句義謂：生長環境惡劣，有亂木層枝阻礙，也難毀梓樹之生長、高峻。〔註203〕

王寧：｜字筆者認為讀若「絢」，文采也。絢古音眞部，與上句脂部之弍為韻（脂眞對轉）。《說文》：「絢，《詩》云：『素以為絢兮。』」段注「逸《詩》，見《論語・八佾篇》。馬融曰：『絢，文貌也。』鄭康成《禮注》：『采成文曰絢。』《注論語》曰：『文成章曰絢。』許次此篆於繡、繪間者，亦謂五采成文章，與鄭義略同也。」「絢」本來是五采成文，這裏指桐樹的美好之質，言亂木層枝來侵害桐樹的美質，暗喻小人侵害有美德之賢人。〔註204〕

就筆者所知，「｜」字在楚簡中至少已經出現過四次：

一是郭店簡〈緇衣〉：「《寺（詩）》員（云）：『其頌（容）不改，出言又（有）｜，利（黎）民所訐。』」此條中「｜」實際上算是出現了兩次，因為後面的「訐」字乃從言從｜，整理者疑「｜」是字之未寫全者，從言從｜的字徑釋「信」；《上博一・緇衣》此引《詩》作「〒容不改，出言□□，□□所訐」，可惜「出言」之後的二字殘缺了，是否作「又（有）｜」不可知。從言從｜的字整理者亦徑釋為「信」，也等於間接出現過「｜」這個字形。

二是《上博二・容成氏》中有一古帝王名「杭｜是（氏）」，這個人名，不見傳世文獻，對考釋這個字的幫助不是太大。

三是《上博六・用曰》第3簡：「｜其有成德，閔言自關；訐其有中墨，良人鼎（貞）安（焉）。」整理者釋「｜」釋為「十」，「訐」釋「誇」。

四是《上博八・李頌》的「亂本曾（層）枳（枝），寖毀｜可（兮）」。……

按：「｜」字在楚簡中多次出現，且有從之的字，竊意基本可以排除它為其他符號的可能，只能認為它的確是一個字。此字諸家多有考釋，單育辰先生在〈〈容成氏〉文本集釋及相關問題研究〉中都做了介紹，臚列甚詳，茲不再一一列舉。諸家考釋都各有精彩，然若一一推求，總覺可信度不高；筆者曩曾經認為「｜」當讀為「絢」，但最近經過仔細考慮之後，也覺未安。因為

〔註203〕黃浩波：〈讀上博八〈柁頌〉箚記〉，武漢大學簡帛研究中心網站，2011 年 8 月 23 日。

〔註204〕王寧：〈《上博八・李頌》閒詁〉，武漢大學簡帛研究中心網站，2011 年 8 月 29 日。

我們至今不知道這個字的本義是什麼，只是根據一些旁證來推測它的讀音，都不甚可靠，所以單育辰先生說「不能準確釋出」是對的。這個「｜」字不能釋讀，那麼從言從｜的字該如何釋讀更無從談起，郭店簡、上博簡整理者徑釋爲「信」，自未必可信。

在傳世文獻中，關於這個字釋讀的唯一線索就是《說文》裏的解釋：「｜，上下通也。引而上行讀若囟，引而下行讀若退。」許愼的這個解釋非常關鍵，在考釋「｜」字上是絕對不能無視的。

在讀音方面，現在能給我提供此字可靠韻讀線索的就是〈李頌〉，在此篇中「｜」與脂部的「弋」爲韻，那麼我們可以推知，「｜」必定是脂、質、眞三部的字，不可能是其他韻部的字，因爲〈李頌〉用韻很嚴格，押韻的都是同韻部的字，就算放寬一下，也只能認爲「｜」在脂、質、眞三部，除此之外的可能性極其微小。因此筆者認爲《說文》言「讀若囟」應當比較可靠，囟就是眞部字；「讀若退」可暫不予考慮，「退」乃物部字也。就目前諸家的考釋而言，凡其音出脂、質、眞三部者，恐都有問題。

……〈李頌〉是一篇辭賦，也是講究用韻的文學作品，除了其末尾作結語的五句之外（此五句每句之後均無「可（兮）」字，已與其上文不同），其他均以四句爲一組，隔句爲韻，用的韻皆爲同部，十分嚴格，所幸這篇裏與「｜」押韻的那個字明白可見，是「弋」字，「弋」音在脂部，與陽部懸隔，差距甚大，故「｜」和「訐」字不可能爲陽部字，最大的可能就是脂部。

由此我們可得到一個啓示：《說文》中說「引而上行讀若囟」的「囟」，應該是「伱」的假借字或誤字，「伱」字古音清母脂部，正與「弋」字爲韻。……但是在楚簡書中「伱」字義根本讀不通，只能認爲是一個假借字。筆者認爲「｜」當讀爲「次」，「次」字與「伱」雙聲疊韻（同清母脂部），讀音相同，故可通假。也就是說，楚文字中是把「｜」當作「次」來用的。……〈李頌〉中「亂本層枝，侵毀｜（次）可（兮）」，「次」亦謂次第、秩序，「亂本層枝」是指雜亂無章生長的雜木，「亂」、「層」義正與「次」義相對。此言桐木本來是排列有序的生長，而雜木混生其間，侵毀其秩序，暗喻小人侵亂賢人之位次。次、弋古音同脂部爲韻也。

要之，楚簡中的「｜」乃「伱」之本字，爲脂部字，本義是細微、細小之義，在楚簡書中假爲次第、次序之「次」；「訐」字乃從言｜聲，當釋爲

「咨」。〔註 205〕

　　｜，《說文》言讀爲「囟」，又讀爲「退」，按：實是「佃」（細）字的本字，本義是細微、細小義，在楚簡書中均用爲次序之「次」，與上句「式」脂眞對轉爲韻。次，次序也。又根據句式，疑「毀」後寫脫一「亓」字。〔註 206〕

　　孟蓬生：楚簡的「｜」字，裘錫圭先生釋「十（針之初文）」，古音在侵部，但《上博八·李頌》的「亂本曾（層）枳（枝），寖毀｜可（兮）」。「｜」字與「式」押韻，則又讀入脂部。而從諧聲系統看，從十聲之「計」，古音亦在脂部。然則「｜（十，侵部）」之於「計」，猶熊（酓）之於壹也。〔註 207〕

　　季旭昇：簡文「〗」，原考釋既引了裘錫圭先生的意見，釋爲「針」之象形初文，楚簡用爲「愼」字的聲旁，又可讀爲「遜」或「愼」，並且認爲「裘說甚是」。但是在實際解讀本文時，卻又認爲「上海博物館藏竹書〈凡物流形〉『天下亡不有｜（章）』，『｜』讀爲『章』文通字順，可見今本《緇衣》作『章』應有所據。從本簡『｜』字的用法看，『｜』也應讀爲『章』。依違兩說，最後則用後說，讀爲「章」，訓爲「大木材」。

　　〈李頌校讀〉也是依違兩可，先指出依照單育辰先生〈〈容成氏〉文本集釋及相關問題研究〉的意見，「依出土文獻看，『｜』應爲陽部韻」。然後又引同樣是單先生的意見「又蒙單育辰告知，『｜』在楚簡中出現多次，皆不能準確釋出，『｜』會不會有表示缺字的符號的可能」，最後釋文隸作「彰？」。

　　所謂「｜」應爲陽部韻，主要是從《郭店·緇衣》簡 17「其頌（容）不改，出言又（有）｜，利（黎）民所訕」，對應今本的《詩經·小雅·都人士》第一章的「其容不改，出言有章，行歸于周，萬民所望」中的二、四句。裘錫圭先生以「｜」爲「針」之初文，並詳細說明了「｜」與「十」、「朕」、「囟」、「退」的古音關係，對〈緇衣〉引詩則提出兩種讀法：「出言有遜，黎民所訓」或「出言有愼，黎民所信」。其說明白有據，很多學者都接受這個說法。

　　但是，這兩句話在今本《詩經》對應的句子明明是「出言有章，萬民所望」，「｜」對應的是「章」字，「章」字的上古音屬於陽部字，與「針」、「遜」、

〔註 205〕王寧：〈再釋楚簡中的「｜」字〉，復旦大學出土文獻與古文字研究中心網站，2011 年 9 月 7 日。
〔註 206〕王寧：〈《上博八·李頌》通讀〉，簡帛研究網站，2011 年 10 月 18 日。
〔註 207〕參見孟蓬生先生在其〈〈清華簡〈繫年〉初札（二則）〉第二則的一點補充〉（復旦大學出土文獻與古文字研究中心網站論壇「學術討論」，2012 年 10 月 5 日）一文下的評論，2012 年 10 月 26 日。

「訓」、「愼」、「信」都很難通轉。虞萬里先生以爲「簡本所引與《毛詩》首章似爲同一首詩之不同章節」，否定了「丨」要讀爲陽部字的必然性。

也有不少學者認爲「丨」還是應該屬於陽部字。《上博六‧用曰》簡3「▇其有成德」，陳偉先生讀爲「章其有成德」，文義亦可通。其後，單育辰先生在〈〈容成氏〉文本集釋及相關問題研究〉中指出「依出土文獻看，『丨』應爲陽部韻」。孟蓬生先生提出「出言又（有）丨（針），利（黎）民所訂」可讀爲「出言有章，黎民所瞻」，與今本《詩經》「出言有章，萬民所望」相合。「瞻」與「望」同義換讀，押韻更直接。其說在古音疏通上解決了大部分的問題，又能與今本《詩經》對應，所以也受到不少學者的歡迎。這大概就是《上博八‧李頌》原考釋、〈李頌校讀〉會把「潇（㴱）劓（毀）丨可（兮）」的「丨」讀爲「章」、「彰？」的主要原因吧！

不過，從〈桐頌〉的押韻來看，本文每二句一個韻腳，兩個韻腳後就換韻，非常整齊。據此，「丨」字分明是與脂部的「弎（貳）」字押韻，不應該讀爲陽部字。本篇部分文句的押韻如下：

> 木斯獨生，榛棘之間（元部）兮，亙植速成，昂其不還（元部）兮。

> 深戾堅豎，元其不貳（脂部）兮，亂木層枝，㴱毀丨（？部）兮。

> 嗟嗟君子，觀乎樹之容（東部）兮，豈不皆生，則不同（東部）兮。

……鄔、王二文以爲「丨」字應與脂部字押韻，這是對的。不過，王文讀「丨」爲「次」，在「獨生」的桐樹身上似乎不是很合適，我們很難體會什麼是「桐木本來是排列有序的生長」，也比較難接受以此比喻「小人侵亂賢人之位次」。我們其實可以擴大思考方向，不必把「潇（㴱）劓（毀）丨可（兮）」的「丨」視爲「毀」的受詞，這個字也可以和「毀」同義。「丨」字讀如「針」、「囟」、「信」、「遴」、「順」等音。

如果我們接受裘先生把「丨」視爲「針」的初文，「丨」在楚系文字中已作爲「眞」部字「愼」的聲符，《說文》讀爲「囟」，本篇又應當與「脂」部的「貳」叶韻，那麼我們不妨考慮把「丨」字讀爲「損」。「愼」，時刃切，禪紐眞部；「囟」，息晉切，心紐眞部；「損」，蘇本切，心紐文部。三字上古聲紐相同或旁紐，韻爲眞文旁轉，眞文二部主要元音相近，典籍互叶最多。「損」

與「貳」旁對轉，典籍也有很多旁證。毀損連用，典籍多見，「寖毀損兮」，指榛棘等的亂本層枝，漸漸地毀損了梧桐樹。比喻小人讒傷漸漸地毀損了高潔之士。

　　戰國楚簡中出現的其他「▇」字，其實都還沒到徹底解決的時候，但讀爲「章」則沒有一則是可以確定不移的。《郭店・殘簡》27「▇粲」，殘詞無從考釋，姑從闕。《上博二・容成氏》簡1「▇▇是（氏）」，陳劍先生釋首字爲「杭」，謂全詞意義待考。《上博六・用曰》簡3「▇其有成德」，其前面的文字不可知，因此很難決定要怎麼解讀，不過，讀爲「謹」或「愼」也很合理，未必非讀「章（彰）」不可。此外，前引原考釋謂「上海博物館藏竹書〈凡物流形〉：『天下亡不有丨（章）』，『丨』讀爲『章』文通字順」，實不可從。《上博七・凡物流形》簡21原考釋作「是古（故）又（有）豸（貌），天下亡不又（有）丨（章）；亡豸（貌），天下亦亡豸（貌）又（有）丨（章）」，文義不是很清楚。復旦讀書會改隸作「是古（故）又（有）鼠-（一），天下亡（無）不又（有）；亡（無）鼠-（一），天下亦亡（無）鼠-（一）又（有）」，文義較通順可理解。原考釋釋爲「章」的兩個「丨」字，圖版作「▇」、「▇」，前者與習見的「丨」較接近，後者與「丨」差別太大，而與簡18的斷句符號「▇」「▇」完全相同，因此，復旦讀書會以爲簡21原考釋隸定的兩個「丨」字其實都是斷句符號，是比較合理的。〔註208〕

　　來國龍：「丨」字的考釋可謂眾說紛紜。陳高志、周鳳五、范常喜釋作「璋」之初文；劉信芳認爲即《說文》的「丨」，讀若「引」；廖名春以爲是「川」之省，讀爲「訓」，義同「章」；顏世鉉讀爲「文」，與「章」義近；白於藍釋作「乀」。蘇建洲謂此字即《說文》的「丨」，與「章」是通假關係，或可讀爲「類」，意爲「法」；裘錫圭釋爲「針」字初文，讀爲「愼」，並把「黎民所訂」讀作「黎民所訓」；孟蓬生同意裘先生的考釋，但認爲「丨（針）」字借爲「章」，「訂」字讀如「瞻」；葉曉鋒認爲此字既可釋爲「針」的初文，那也可能釋爲「芒」（麥芒），兩者都是筆直尖銳的象形。鄔可晶認爲此字即《說文》「引而上行讀若囟」的「丨」字；王寧認爲「丨」應從《說文》音「囟」，讀爲「絢」；但後又改讀爲「次」。單育辰則懷疑此字可能是表示缺

〔註208〕季旭昇：〈《上海博物館藏戰國楚竹書（八）・桐頌》考釋〉，《中央研究院歷史語言研究所集刊》第84本第4分，2013年12月，第672～675頁。

字的符號。

　　……筆者同意王寧上述的看法，即「｜」不一定要是陽部字，也不是「針」的象形初文；也認為從楚簡〈緇衣〉的引《詩》我們還看不出「｜」的古韻歸部。王寧相信楚簡〈李頌〉是一篇講究用韻的辭賦，與「｜」押韻的上句「貳」是脂部字，並且他認為《說文》的「囟」，應該是「佪」的假借字或誤字，「佪」字古音清母脂部，正與「貳」字為韻。因此，他後來改變了先前認為「｜」是讀若「絢」的真部字，與脂部「貳」為韻（脂真合韻）的看法，而改「｜」為脂部字。

　　王寧後一種說法是值得商榷的。首先，現有的上古音材料都表明「囟」字古韻屬真部，雖然從其諧聲的「佪」、「細」等少數字屬脂部，這是少數諧聲並不同部的例子。其次，筆者認為即使〈李頌〉押韻，也不一定要說「囟」是「佪」的「假借字或誤字」。押韻和通假的語音條件不同。如王寧先前所說，古代詩賦押韻有合韻的情況，脂質真三部的字都有可能與脂部的「貳」押韻。就目前的材料來看，沒有足夠的證據表明「｜」字非是脂部字不可。

　　另外，在討論「｜」字及從「｜」聲之字的古韻歸部問題時，學者大都忽視了對楚簡｛愼｝字的分析。從前節楚簡｛愼｝字或從幺（玄）、或從｜的角度來看，筆者認為王寧之前的說法是正確的，即楚簡中「｜」字及從「｜」聲之字，都應該如《說文》所說，是真部字。

　　因此，上文（1）《郭店・緇衣》簡17、（2）《上博一・緇衣》可以讀為「出言有絢，黎民所信」，與今本《詩經・小雅・都士人》「其容不改，出言有章，行歸于周，萬民所望」意義接近。《說文》：「絢，《詩》云：『素以為絢兮』」。段玉裁注：「逸《詩》，見《論語・八佾篇》。馬融曰：『絢，文貌也』。鄭康成《禮注》：『采成文曰絢。』《注論語》曰：『文成章曰絢。』許次此篆於繡、繪間者，亦謂五采成文章，與鄭義略同也。」正如王寧所說，「楚簡之『出言又（有）｜（絢）』即今本之『出言有章』也，『絢』與下句之『信』同真部為韻。如此解釋，於音、於義皆圓通矣」。

　　（3）《上博二・容成氏》簡1中的上古帝王名，「杭（？）｜是（氏）」，還沒有很好的解釋。

　　（4）《上博六・用曰》簡3中的「｜」，李銳認為當讀為「謹」，義近於「愼」。其實可以直接讀為「愼」，並依李銳的解釋，「｜（愼）亓（其）又（有）成惪（德），閟（閉）言自關」，所說就是愼德愼言之類。

　　（5）《上博八・李頌》簡1背：「亂本曾（層）枳（枝），濤（侵）毀｜（絢）

可（兮）」，「｜」字可依王寧說，也讀爲「絢」。「文成章曰絢。」這裏兩句爲貳與絢，脂眞合韻。

綜合起來，楚簡中的「｜」是眞部字，目前公佈的材料中有三種讀法：一，讀爲「信」；二，讀爲「愼」；三，讀爲「絢」，三個都是眞部字。〔註209〕

陳按：「｜」字此前已多次出現，尙不能確識。該字出現於郭店簡及上博簡的〈緇衣〉，見諸所引《詩經·小雅·都人士》。郭店簡作：「丌（其）頌（容）不攺（改），出言又（有）｜，利（黎）民所訂。」對應今本〈緇衣〉的「彼都人士，狐裘黃黃，其容不改，出言有章，行歸于周，萬民所望」，今本《詩經》相同。如果竹書與今本嚴密對應，則「｜」對應「章」，「訂」對應「望」，「｜」以及「訂」所從當在陽部。不過郭店簡與上博簡所見詩句確實有可能是亡佚的詩章，用韻未必與今本相同。該字亦見諸上博簡〈容成氏〉簡1的「杭（？）｜是（氏）」，簡文寫作𠂤，廖名春、何琳儀等先生則讀作「混沌氏」。裘錫圭先生曾指出「｜」字應該是「針」字的象形初文，簡文「出言又（有）｜，利（黎）民所訂」，應該讀爲「出言又（有）遜，利（黎）民所訓」或「出言又（有）愼，利（黎）民所信」〔註210〕。學者多信從此說。

對該字的討論，歧異迭出。或據《說文》立論，或依傳抄古文推證，或從象形角度揣測，或從音韻層面探討。即便是從《說文》角度探討，劉信芳、何琳儀諸先生的說法差異便很大。《說文·｜部》云：「｜，上下通也。引而上行，讀若囟；引而下行，讀若退。」鄔可晶先生亦據此推測〈李頌〉的「｜」如果「讀若囟」則屬眞部，與其上句脂部字「貳」正可押韻（脂、眞陰陽對轉）。其說有一定道理，然尙無更直接的證據。來國龍、季旭昇等先生亦往眞部考慮，王寧先生則認爲該字屬脂部。此前學者多從受事角度理解「｜」，而季旭昇先生認爲讀作「損」則提供了新的思路，較有理據。目前而言，對「｜」的解釋尙不能落實。

〔註209〕來國龍：〈釋謹與愼——兼說楚簡「｜」字的古韻歸部及古文字中同義字孳乳的一種特殊構形方式〉，武漢大學簡帛研究中心網站，2014 年 3 月 27 日。

〔註210〕裘錫圭：〈釋郭店〈緇衣〉「出言有｜，利（黎）民所訂」——兼說「｜」爲「針」之初文〉，《古墓新知——紀念郭店楚簡出土十週年論文專輯》，香港國際炎黃文化出版社 2003 年版，第 1～8 頁。

9. 差＝（嗟嗟）君子，觀虖（吾）桓（樹）之蓉（容）可（兮）。

（1）句解

該句整理者作「差＝（嗟嗟）君子，觀（觀）虖（吾）桓（樹）之蓉（容）可（兮）」〔註211〕，可從。復旦吉大古文字專業研究生聯合讀書會作「差＝（嗟嗟）君子，觀虖（乎）桓（樹）之蓉（容）可（兮）」〔註212〕。季旭昇先生作「着＝（嗟嗟）君子，觀虖（吾）桓（樹）之蓉（容）可（兮）」〔註213〕。王寧先生指出，「嗟嗟君子，觀吾樹之容兮」，意思是來啊君子們，來看看我這桐樹的姿容〔註214〕。全句謂君子觀賞梧桐的姿容。

（2）差＝

整理者：「差」字下有重文符號。」「差差」，讀爲「嗟嗟」（「嗟」從「差」聲，例可相通），嘆詞。〔註215〕

王寧：差＝，＝爲重文符號，即差差，讀書會括讀爲「嗟嗟」，一種表示招呼的嘆詞。嗟嗟君子，與《詩·臣工》「嗟嗟臣工」句例同。〔註216〕

陳按：嚴格來說，「嗟嗟」應是狀態形容詞。

（3）君子

整理者：「君子」，泛稱有道德之人。〔註217〕

季旭昇：「君子」可以泛指高層，也可以特指國君，《詩經·秦風·終南》「終南何有？有條有梅。君子至止，錦衣狐裘。顏如渥丹，其君也哉」，篇中的「君子」明白地是「其君也哉」。〔註218〕

〔註211〕馬承源主編：《上海博物館藏戰國楚竹書（八）》，上海古籍出版社2011年版，第237頁。

〔註212〕復旦吉大古文字專業研究生聯合讀書會：〈上博八〈李頌〉校讀〉，復旦大學出土文獻與古文字研究中心網站，2011年7月17日。

〔註213〕季旭昇：〈《上海博物館藏戰國楚竹書（八）·桐頌》考釋〉，《中央研究院歷史語言研究所集刊》第84本第4分，2013年12月，第652頁。

〔註214〕王寧：〈《上博八·李頌》通讀〉，簡帛研究網站，2011年10月18日。

〔註215〕馬承源主編：《上海博物館藏戰國楚竹書（八）》，上海古籍出版社2011年版，第239頁。

〔註216〕王寧：〈《上博八·李頌》通讀〉，簡帛研究網站，2011年10月18日。

〔註217〕馬承源主編：《上海博物館藏戰國楚竹書（八）》，上海古籍出版社2011年版，第240頁。

〔註218〕季旭昇：〈《上海博物館藏戰國楚竹書（八）·桐頌》考釋〉，《中央研究院歷史語言研究所集刊》第84本第4分，2013年12月，第676頁。

（4）觀

整理者：「觀」，即「觀」字，上從「宀」，爲楚文字常見之贅增偏旁。觀，觀看，查看。〔註219〕

陳按：據王凱博先生文字編，嚴格來說隸作「𤠕」，該字右側係「萑」之譌。

（5）虗

整理者：「虗」，楚文字用爲「吾」，第一人稱。〔註220〕

王寧：吾，讀書會括讀「乎」，此仍當爲「吾」。吾樹，此爲作者的口吻言桐樹。〔註221〕

季旭昇：「虗」於戰國楚簡多讀爲「吾」，少數讀「乎」，前文已有說明。本句似仍應讀爲「觀吾樹之容兮」，「吾樹」指桐樹，「嗟嗟君子，觀吾樹之容兮」，意思是：啊！君子們，看看我們的桐樹吧（，被讒毀陷害成這樣）。〔註222〕

陳按：「虗」讀作「吾」，已見前說。

（6）蓉

整理者：「蓉」，讀爲「容」，「蓉」從「容」得聲，可以相通。容，容貌，儀容。〔註223〕

王寧：蓉，讀書會括讀爲容，是。〔註224〕

10. 幾（豈）不皆（偕）生，則不同可（兮）。

（1）句解

該句整理者作「幾（豈）不皆生，則不同可（兮）」，復旦吉大古文字專

〔註219〕馬承源主編：《上海博物館藏戰國楚竹書（八）》，上海古籍出版社 2011 年版，第 240 頁。

〔註220〕同上。

〔註221〕王寧：〈《上博八·李頌》通讀〉，簡帛研究網站，2011 年 10 月 18 日。

〔註222〕季旭昇：〈《上海博物館藏戰國楚竹書（八）·桐頌》考釋〉，《中央研究院歷史語言研究所集刊》第 84 本第 4 分，2013 年 12 月，第 676 頁。按季先生初稿認爲「虗」於戰國楚簡多讀爲「吾」，然於《上二·魯邦大旱》亦可讀「乎」，於半篇簡 1「相虗（乎）棺樹」同。

〔註223〕馬承源主編：《上海博物館藏戰國楚竹書（八）》，上海古籍出版社 2011 年版，第 240 頁。

〔註224〕王寧：〈《上博八·李頌》通讀〉，簡帛研究網站，2011 年 10 月 18 日。

業研究生聯合讀書會同，並指出此句義謂桐木豈不與眾木一起生長，然而其質性大有不同〔註225〕。王寧先生指出，「豈不偕生？則不同兮」，意思是爲什麼不和那些亂木一樣生長？因爲彼此原則不同〔註226〕。筆者作「幾（豈）不皆（偕）生，則不同可（兮）」。全句謂梧桐與其他樹木是一起生長的，卻具有其他樹木所不具備的品性。

（2）幾

整理者：「幾」，讀爲「豈」。……豈，副詞，表示反詰，相當於「難道」。〔註227〕

陳按：「幾」通作「豈」，楚簡多見〔註228〕，可從。「豈不」連用，見諸詩、騷。

（3）皆

整理者：「皆」，都，俱，表示統括。〔註229〕

王寧：皆，讀爲偕。〔註230〕

陳按：王寧先生意見可從。

（4）生

整理者：「生」，生長，成活。〔註231〕

王寧：偕生，謂一樣生長。〔註232〕

（5）則

整理者：「則」，副詞，就，乃。〔註233〕

〔註225〕 復旦吉大古文字專業研究生聯合讀書會：〈上博八〈李頌〉校讀〉註15，復旦大學出土文獻與古文字研究中心網站，2011年7月17日。

〔註226〕 王寧：《上博八・李頌》通讀〉，簡帛研究網站，2011年10月18日。

〔註227〕 馬承源主編：《上海博物館藏戰國楚竹書（八）》，上海古籍出版社2011年版，第240頁。

〔註228〕 白於藍編著：《戰國秦漢簡帛古書通假字彙纂》，福建人民出版社2012年版，第365頁。

〔註229〕 馬承源主編：《上海博物館藏戰國楚竹書（八）》，上海古籍出版社2011年版，第240頁。

〔註230〕 王寧：《上博八・李頌》通讀〉，簡帛研究網站，2011年10月18日。

〔註231〕 馬承源主編：《上海博物館藏戰國楚竹書（八）》，上海古籍出版社2011年版，第240頁。

〔註232〕 王寧：《上博八・李頌》通讀〉，簡帛研究網站，2011年10月18日。

劉雲：〈李頌〉中有如下簡文：「嗟嗟君子，觀乎樹之蓉（容）可（兮）。豈不皆生，則不同可（兮）。」疑其中的「則」亦應讀爲「姿」，與前文的「蓉（容）」對應。〔註234〕

王寧：則，法也，意思相當於現在的原則。〔註235〕

陳按：劉雲先生指出「則」應讀爲「姿」，與前文的「蓉（容）」對應。「則」未必讀作「姿」，但它的確不一定是虛詞，而可能是名詞。「則」，通常訓法、準、常。

11. 胃（謂）群眾鳥，敬而勿寠（集）可（兮）。

（1）句解

該句整理者作「胃（謂）群眾鳥，敬而勿寠（集）可（兮）」〔註236〕，可從。季旭昇先生指出，當釋爲「不要棲止於梧桐樹」〔註237〕。全句謂群鳥對梧桐恭敬，不輕易棲止。

（2）胃

整理者：「胃」，讀爲「謂」。……謂，告訴，對……說。〔註238〕

陳按：整理者認爲「謂」意爲告訴，固然是一種解釋，主語是作者。此外也有可能作句首語辭解。《詩經·台南·行露》云：「豈不夙夜，謂行多露。」《助字辨略》卷四云：「此謂字，語辭，猶言曰也。」群眾鳥，當指與鳳鳥相對的凡鳥。鳳鳥棲於梧桐，凡鳥不敢棲。「勿」，整理者認爲是表示禁止的副詞，如果「謂」是句首語辭，則「勿」應該是意爲「不」的否定副詞。關鍵在於群鳥不棲梧桐是否出於主觀意願。

〔註233〕馬承源主編：《上海博物館藏戰國楚竹書（八）》，上海古籍出版社 2011 年版，第 240 頁。

〔註234〕參見劉雲先生在復旦吉大古文字專業研究生聯合讀書會〈上博八〈蘭賦〉校讀〉（復旦大學出土文獻與古文字研究中心網站，2011 年 7 月 17 日）一文下的評論，2011 年 7 月 25 日。

〔註235〕王寧：《上博八·李頌》通讀〉，簡帛研究網站，2011 年 10 月 18 日。

〔註236〕馬承源主編：《上海博物館藏戰國楚竹書（八）》，上海古籍出版社 2011 年版，第 237 頁。

〔註237〕季旭昇：《上海博物館藏戰國楚竹書（八）·桐頌》考釋〉，《中央研究院歷史語言研究所集刊》第 84 本第 4 分，2013 年 12 月，第 676 頁。

〔註238〕馬承源主編：《上海博物館藏戰國楚竹書（八）》，上海古籍出版社 2011 年版，第 240 頁。

（3）群眾鳥

整理者：「群」，禽獸聚合。……「眾」，多，此處也訓為「群」。……「群眾鳥」，猶言「群鳥」、「眾鳥」，「群」、「眾」同義疊用，亦是修辭的需要。〔註239〕

王寧：群眾鳥，即普通的眾鳥類。〔註240〕

季旭昇：眾鳥，蒙審查人提醒當釋為「凡鳥」，可從。「眾」釋為「凡」，見《淮南子·脩務》「不若眾人之有餘」高注。〔註241〕

陳按：「眾」訓「凡」可從。

（4）敬

整理者：「敬」，尊敬，敬重。〔註242〕

（5）勿寀

整理者：「寀」，「集」字繁構。「勿集」，不要棲止於樹。〔註243〕

王寧：萃，原字上宀下集，讀書會括讀「集」，當釋「萃」，與下句「類」為韻。〔註244〕

12. 索（素）府宮李（理？），木異頪（類）可（分）。

（1）句解

該句整理者作「索（素）府宮李（李），木異頪（類）可（分）」〔註245〕，季旭昇先生釋文相同。復旦吉大古文字專業研究生聯合讀書會作「索府宮李，木異類可（分）」〔註246〕。王寧先生認為，「素枎絳理，木異類分」，是

〔註239〕同上，第240～241頁。
〔註240〕王寧：《上博八·李頌》通讀〉，簡帛研究網站，2011年10月18日。
〔註241〕季旭昇：〈《上海博物館藏戰國楚竹書（八）·桐頌》考釋〉，《中央研究院歷史語言研究所集刊》第84本第4分，2013年12月，第676頁。
〔註242〕馬承源主編：《上海博物館藏戰國楚竹書（八）》，上海古籍出版社2011年版，第241頁。2014年6月1日，陳偉武先生在武漢大學簡帛研究中心作題為「楚簡秦簡字詞考釋拾遺」的報告，指出「敬」讀為「驚」。
〔註243〕馬承源主編：《上海博物館藏戰國楚竹書（八）》，上海古籍出版社2011年版，第241頁。
〔註244〕王寧：《上博八·李頌》通讀〉，簡帛研究網站，2011年10月18日。
〔註245〕馬承源主編：《上海博物館藏戰國楚竹書（八）》，上海古籍出版社2011年版，第237頁。
〔註246〕復旦吉大古文字專業研究生聯合讀書會：〈上博八〈李頌〉校讀〉，復旦大學出土文獻與古文字研究中心網站，2011年7月17日。

說桐樹白色的花朵、紅色的紋理，與眾木不同〔註247〕。筆者作「索（素）府宮李（理？），木異類（類）可（兮）」。該句前半句不好理解，整理者的解釋可疑。結合語境看，該句當是突出梧桐在群樹中出類拔萃，氣度非凡，與李樹無關。

（2）索

整理者：「索」，通「素」，本一字分化，古文字中從「素」旁的字經常寫成「索」旁（可參看《金文編》）……素之本義指本色（白色）的生帛，引申爲質樸、不加裝飾。〔註248〕

黃浩波：竊以爲，此「索」即「離群索居」之「索」，意爲「獨自、孤單」，如此則與前之「不同」，後之「異」，一脈相承，意思連貫。〔註249〕

季旭昇：本句之「索」即「素」，意爲「平素」、「素習」，義如《中庸》「素富貴行乎富貴。素貧賤行乎貧賤」之「素」。〔註250〕

陳按：整理者將「索」讀作「素」，不獨在傳世文獻中有大量例子，在楚簡中也有著例〔註251〕。

（3）府

整理者：「府」，本指收藏財貨的房舍，引申爲住所。〔註252〕

黃浩波：府通俯。《上博五・三德》有句：「卬（仰）天事君，……，府（俯）視□□」俯，言梓樹枝葉下垂，照應前文之「杸」。〔註253〕

季旭昇：「府」，「本指收藏財貨的房舍」，自爲宮廷官府，非普通人家，《禮記・內則》：「芝、栭、蔆、椇、棗、栗、榛、柿、瓜、桃、李、梅、杏、

〔註247〕王寧：〈《上博八・李頌》通讀〉，簡帛研究網站，2011 年 10 月 18 日。

〔註248〕馬承源主編：《上海博物館藏戰國楚竹書（八）》，上海古籍出版社 2011 年版，第 241 頁。

〔註249〕黃浩波：〈讀上博八〈杼頌〉箚記〉，武漢大學簡帛研究中心網站，2011 年 8 月 23 日。

〔註250〕季旭昇：〈《上海博物館藏戰國楚竹書（八）・桐頌》考釋〉，《中央研究院歷史語言研究所集刊》第 84 本第 4 分，2013 年 12 月，第 677 頁。

〔註251〕白於藍編著：《戰國秦漢簡帛古書通假字彙纂》，福建人民出版社 2012 年版，第 459 頁。

〔註252〕馬承源主編：《上海博物館藏戰國楚竹書（八）》，上海古籍出版社 2011 年版，第 241 頁。

〔註253〕黃浩波：〈讀上博八〈杼頌〉箚記〉，武漢大學簡帛研究中心網站，2011 年 8 月 23 日。

楂、梨、薑、桂。」鄭注:「皆人君庶食所加庶羞也。」可見「李」爲「素府」之食物。〔註254〕

陳按:待考。

（4）宮

整理者:「宮」,房屋的通稱。《說文》:「宮,室也。」「宮」、「室」同義。……「素府宮」,猶言「素府」、「素宮」或「素室」,「府」、「宮」同義疊用,修辭的需要。〔註255〕

黃浩波:宮通躳,《說文解字》:「宮,室也。從宀,躳省聲。」「躳,身也。從身從呂。躬,俗從弓身。」《楚系簡帛文字編》有「竀身」合文,正訓爲「躬身」,而竀亦寫作竀之形。且有「俯躳」一詞,梅堯臣〈送楊辯青州司理〉詩:「一落該網中,折節長俯躬。」

又,宮通身,《國語·楚語上》:「余左執鬼中,右執殤宮。」王念孫云:「宮,讀爲躬。中、宮皆身也。『執殤宮』猶言『執鬼中』,作『宮』者,假借字耳。」

總之,「宮」當訓爲「身體」。則此句可讀爲:「索俯躳梓」,亦可讀爲「索俯身梓」,然「索俯躳梓,木異類兮」「索俯身梓,木異類兮」句義一致,意謂:梓樹獨自俯身,與眾木不同。〔註256〕

季旭昇:宮,原整理者引陸德明「古者貴賤同稱宮」,用來強調「宮李」是屬於「普通人家園子裏的李樹」,恐怕是有問題的。主張貴賤所居同可稱「宮」的學者,所舉的例證多半靠不住,如朱駿聲《說文通訓定聲》:「《詩·七月》『上入執宮功』、《禮記·內則》『父子皆異宮』、〈儒行〉『儒有一畝之宮』,是古者臣民之宅稱宮也。」旭昇案:「上入執宮功」,既稱「上」,則「宮功」必非「民宅」可知。〈內則〉「父子皆異宮」句的前一句明白地說「由命士以上」,則此「宮」也不是「民宅」。〈儒行〉「儒有一畝之宮」下鄭玄注明白地說這是「貧窮屈道,仕爲小官」,這個「宮」更不是「民宅」。朱駿聲以

〔註254〕季旭昇:〈《上海博物館藏戰國楚竹書（八）·桐頌》考釋〉,《中央研究院歷史語言研究所集刊》第 84 本第 4 分,2013 年 12 月,第 677 頁。

〔註255〕馬承源主編:《上海博物館藏戰國楚竹書（八）》,上海古籍出版社 2011 年版,第 241 頁。

〔註256〕黃浩波:〈讀上博八〈杼頌〉箚記〉,武漢大學簡帛研究中心網站,2011 年 8月 23 日。

爲「臣民之宅稱宮」，所舉的例子無一能成立。《孟子·滕文公下》「許子何不爲陶冶，舍皆取諸其宮中而用之」，焦循《孟子正義》引《釋文》「古者貴賤同稱宮」，然後說：「此許行所居即廛宅，故（趙注）以宅解宮也。」他沒有明白說許行是貴者還是賤者。不過，以許行的學問地位，不可能是平民。

　　先秦典籍中的「宮」可能指平民住所的，大概只有前代某些學者所舉《大戴禮記·千乘》篇「百姓不安其居，不樂其宮」的「宮」。不過，《大戴禮記》的這個「宮」的用法和先秦典籍都不吻合，應該在傳鈔的過程中產生的譌誤。「百姓」一詞，在先秦有著較爲複雜的演變過程，裘錫圭先生指出：

> 「百姓」在西周、春秋金文裏都作「百生」，本是對族人的一種稱呼，跟姓氏並無關係。在宗法制度下，整個統治階級基本上就由大小統治者們的宗族構成，所以「百姓」同時又成爲統治階級的通稱。

據此，「百姓」在春秋以前不可能是指平民。戰國以後，「宮」又多指貴族的住所。所以《大戴禮記》把「百姓」與「宮」這兩個詞組合在一起，其實是很有問題的。《大戴禮記》的這一段話也沒有什麼證據力。

　　再從傳世楚國文獻來看，屈原作品中有三個「宮」字都不是賤者所居，〈離騷〉「溘吾遊此春宮兮」，王逸注：「東方青帝舍也。」〈九歌·雲中君〉「謇將憺兮壽宮」，王逸注：「供神之處也。」〈九歌·河伯〉「紫貝闕兮朱宮」，王逸注：「言河伯所居，……朱丹其宮。」

　　根據以上材料，「宮李」不但不能釋爲「普通人家園子裏的李樹」，反而應該釋爲「宮中的李樹」。「素府宮李，木異類兮」意思是：「習慣官府的宮李，和桐樹是不同的木類。」原整理者前引《楚辭·七諫》：「拔搴玄芝兮，列樹芋荷；橘柚萎枯兮，苦李旖旎。」王逸注：「旖旎，盛貌也。言君乃拔去芝草，賤棄橘柚，種植芋荷，養育苦李，重愛小人，斥逐君子也。」苦李爲李樹之一種，可知以李爲宮中小人，《楚辭》本有此例。〔註257〕

　　陳按：待考。

　　（5）棶

　　整理者：「棶」，從「子」，「來」聲，即楚文字「李」字，見包山楚簡等。

〔註257〕李旭昇：〈《上海博物館藏戰國楚竹書（八）·桐頌》考釋〉，《中央研究院歷史語言研究所集刊》第 84 本第 4 分，2013 年 12 月，第 677～679 頁。

李，木名，即李樹。〔註258〕

　　黃浩波：曹先生謂「『素府宮李』即普通人家園子裏的李樹」。明確「李」實爲「梓」後，便不可如此理解。〔註259〕

　　魯鑫：〈李頌〉「素府宮李」一句中的「李」可讀爲「士」。清華簡〈繫年〉第一章：

　　　　至于屬王，屬王大瘧于周，卿李（士）、諸正、萬民弗忍于厥心。

簡文「卿李」，整理者讀爲「卿士」：

　　　　李（李），古音來母之部，在此假爲「士」字，士爲從母，係鄰紐。

其說可從。〔註260〕

　　季旭昇：原整理者對本篇篇旨之誤解，主要原因之一是來自對本句之誤釋，故本文引述較多，以便辨析。先秦文獻絕無以「李」爲「普通人家園子裏的李樹」之例，通檢文本，所呈顯的似乎恰好相反，即以原整理者所引之《詩·召南·何彼襛矣》而言，其首章云「何彼襛矣，棠棣之華」，毛傳：「興也。襛，猶戎戎也。唐棣，栘也。」鄭箋：「何乎彼戎戎者？乃栘之華。興者，喻王姬顏色之美盛。」蓋以「棠棣」喻王姬之盛美，其等級之高可以想見。次章云：「何彼襛矣，華如桃李。」桃李與棠棣同位，則其等級之高亦可以想見。必非「普通人家」可知。桃李開花濃艷，與桐之樸質無華本自不同。〔註261〕

　　陳按：待考。

　　（6）索府宮㮚

　　整理者：「素府宮李」，意思是普通人家園子裏的李樹，與上文之「官樹

〔註258〕馬承源主編：《上海博物館藏戰國楚竹書（八）》，上海古籍出版社2011年版，第241頁。

〔註259〕黃浩波：〈讀上博八〈杍頌〉箚記〉，武漢大學簡帛研究中心網站，2011年8月23日。

〔註260〕魯鑫：〈上博八〈李頌〉綴釋〉，復旦大學出土文獻與古文字研究中心網站，2013年6月8日。

〔註261〕季旭昇：《〈上海博物館藏戰國楚竹書（八）·桐頌〉考釋》，《中央研究院歷史語言研究所集刊》第84本第4分，2013年12月，第677頁。

桐」互對。〔註262〕

王寧：黃浩波先生引曹錦炎先生說「『素府宮李』即普通人家園子裏的李樹」。黃先生認爲「『宮』當訓爲『身體』。則此句可讀爲：『索俯躬梓』，亦可讀爲『索俯身梓』」。按：這裏是說桐樹本身所有之事物之狀，「索府宮李」當讀爲「素柎絳理」。索、素音近可通，素者，白也；府、柎音同而假，柎者，花萼之房也，亦作柎、跗、趺；宮、絳古音同見母多部音近。絳者，紅色也；李、理通假，理者，《玉篇》「文（紋）也」，謂木紋理也。《管子・地員》「朱跗黃實」，《文選・束廣微〈補亡詩〉》「白華絳趺」，李善注：「鄭玄《毛詩箋》曰：『跗，鄂足也。』跗與趺同。」「朱跗」、「絳趺」均謂紅色之花房。這裏的「索府」即「素柎」，謂白色的花房；「絳理」謂紅色的木紋理也。桐樹白色的花房、紅色的紋理，異於常木，故下文曰「木異類可（兮）」。〔註263〕

魯鑫：素，質樸無飾，《禮記・檀弓》：「奠以素器。」鄭注：「凡物無飾曰素。」府、宮二字同義，《素問・陰陽應象大論》：「神明之府也。」王冰注：「府，宮府也。」是其證。此處府、宮二字均指住所而言，屬於同義迭用，當是出自調整音節的需要，猶如《詩經・周南・桃夭》中的「室家」或「家室」。「素府宮士」，即素府之士或素宮之士。《論衡・語增》：「周公執贄下白屋之士。」《漢書・吾丘壽王傳》：「三公有司，或由窮巷、起白屋，裂地而封。」師古注：「白屋，以白茅覆屋也。」平民住屋不加綵飾，故曰「白屋」。然則「素府宮士」與「白屋之士」含義相仿，均指在家不仕的有道處士。

賦中「素府宮李」之「李」若可讀爲「士」，也就不存在桐樹與李樹相對比的問題了。「素府宮士」是一種擬人的說法，用來形容桐樹安貧樂道的情操。〔註264〕

季旭昇：「素府宮李，木異類兮」謂「習慣官府的宮李，和桐樹是不同的木類。原整理者前引《楚辭・七諫》：「拔搴玄芝兮，列樹芋荷；橘柚萎枯兮，苦李旖旎。」王逸注：「旖旎，盛貌也。言君乃拔去芝草，賤棄橘柚，種植芋

〔註262〕馬承源主編：《上海博物館藏戰國楚竹書（八）》，上海古籍出版社 2011 年版，第 241 頁。

〔註263〕王寧：〈《上博八・李頌》閒詁〉，武漢大學簡帛研究中心網站，2011 年 8 月 29 日。

〔註264〕魯鑫：〈上博八〈李頌〉綴釋〉，復旦大學出土文獻與古文字研究中心網站，2013 年 6 月 8 日。

荷，養育苦李，重愛小人，斥逐君子也。」苦李爲李樹之一種，可知以李爲宮中小人，楚辭本有此例。〔註265〕

陳按：「索府宮李」不易理解，不過結合上下文，仍應是狀物之語，強調梧桐的獨異之處，當與李樹無涉。王寧先生「素柎絳理」的說法有一定道理。下文言及梧桐開花，此處言其花有一定合理性，「素柎」猶〈橘頌〉的「素榮」。梧桐花淡綠，顏色素雅而近白，另泡桐花也有白色的。不過「柎」並不直接指花，且不常見，可疑。「府」或可讀作「附」，指樹木外表的粗皮。《詩經·小雅·角弓》：「毋教猱升木，如塗塗附。」鄭箋云：「附，木桴也。」孔疏云：「桴謂木表之麤皮也。」梧桐樹表青色，號「青桐」。「素附」或指梧桐素樸的外皮。「李」讀作「理」的用法楚簡習見，下文出現的兩個「李」亦讀作「理」。〈橘頌〉云：「梗其有理兮。」「理」指木的紋理，〈李頌〉的「理」亦或作此理解。果其如此，「宮」疑讀作「工」。「宮」在見紐多部，「工」在見紐東部，二者音近。「工」指精巧、精緻，與「素」對言。《說文》云：「工，巧飾也。」王筠《說文句讀》云：「巧於文飾，故曰工也。」所謂「工理」，指梧桐文理精細。按梧桐的紋理通直細膩，木射線細，李時珍《本草綱目·木部》第三十五卷「梧桐」條下云：「其木無節直生，理細而性緊。」故有此說。就用字習慣而言，「索」讀作「素」、「李」讀作「理」的可能性極大，不過「府」與「宮」仍難以得到合理的解釋，畢竟「宮」如字讀的機率更高，無論是讀作「工」還是「絳」都難有充分的證明。

「宮李」也有可能讀作「宮士」，與前文的「君子」相近，「府」可讀作「附」，親近之義，說的是桐樹與貴族階層（也是作者所屬階層）之間的關係，備考。總之，該句說的是梧桐的獨特之處，很有可能是對梧桐外表的描繪。

（7）異頪

整理者：「異」，不同。……「頪」，即「類」，古今字（《說文》段玉裁注），也見於郭店楚簡〈緇衣〉、〈尊德義〉及〈六德〉篇。類，種類。……「異類」，不同種類，猶言「另類」。〔註266〕

復旦吉大古文字專業研究生聯合讀書會：（木異類（·物部）可（兮）），緝、物兩部在古音上有關聯，如「內」爲物部字，而「入」、「納」則爲緝部

〔註265〕李旭昇：〈《上海博物館藏戰國楚竹書（八）·桐頌》考釋〉，《中央研究院歷史語言研究所集刊》第84本第4分，2013年12月，第679頁。

〔註266〕馬承源主編：《上海博物館藏戰國楚竹書（八）》，上海古籍出版社2011年版，第237、242頁。

字，古書中「內」、「入」、「納」相通之例甚多。〔註267〕

　　季旭昇：本句「木異類」之「類」字與前句「敬而勿集」之「集」字爲韻，「類」屬「物（沒）」部，「集」屬「緝」部，物（沒）緝二韻主要元音相近，因此古籍多有旁轉的例子。〔註268〕

　　陳按：「異」，整理者訓作「不同」。筆者以爲，「異」當是特殊、非凡之義。《釋名・釋天》云：「異者，異於常也。」所謂「異類」，指的是梧桐在樹木中卓爾不群，氣質非凡。同輯〈蘭賦〉稱蘭有「異物」，「異」字同訓。《太平御覽》九百五十六引《王逸子》曰：「木有扶桑、梧桐、松、柏，皆受氣淳矣，異於群類者也。」可參。

13. 忢（願）戠（歲）之啓時，思（使）虗（吾）桓（樹）秀可（兮）。

（1）句解

　　該句整理者作「忨（願）戠（歲）之啓時，思虗（吾）桓（樹）秀可（兮）」〔註269〕，復旦吉大古文字專業研究生聯合讀書會作「忢（願）歲之啓時，思（使）虗（吾）桓（樹）秀可（兮）」〔註270〕，可從。王寧先生認爲，「忨歲之啓時，使吾樹秀兮」，意思是貪愛年歲中時節的轉換，使桐樹成長〔註271〕。季旭昇先生指出該句意思是李樹希望在立夏之時，滿樹開花；比喻小人希望在時機到來之時，迅速壯大自己的勢力〔註272〕。全句謂作者希望在開春之時，梧桐能夠綻放花朵。

（2）忢

　　整理者：「忨」，當讀爲「願」，古音「忨」、「願」均爲疑母元部字，兩字

〔註267〕復旦吉大古文字專業研究生聯合讀書會：〈上博八〈李頌〉校讀〉註16，復旦大學出土文獻與古文字研究中心網站，2011年7月17日。

〔註268〕季旭昇：〈《上海博物館藏戰國楚竹書（八）・桐頌》考釋〉，《中央研究院歷史語言研究所集刊》第84本第4分，2013年12月，第679頁。

〔註269〕馬承源主編：《上海博物館藏戰國楚竹書（八）》，上海古籍出版社2011年版，第237、242頁。

〔註270〕復旦吉大古文字專業研究生聯合讀書會：〈上博八〈李頌〉校讀〉註16，復旦大學出土文獻與古文字研究中心網站，2011年7月17日。

〔註271〕王寧：《《上博八・李頌》通讀》，簡帛研究網站，2011年10月18日。

〔註272〕季旭昇：〈《上海博物館藏戰國楚竹書（八）・桐頌》考釋〉，《中央研究院歷史語言研究所集刊》第84本第4分，2013年12月，第680頁。

為變聲疊韻關係，可以相通。……願，想，希望。〔註273〕

王寧：「忨」原字形上元下心，乃忨字的異構，音玩。讀書會括讀為「願」，〈王居〉篇亦用為「願」。按：這裏疑當依字讀，《左傳》昭公元年「忨歲而愒日」，《說文》「貪也」，《玉篇》「愛也」，貪愛之義。〔註274〕

陳按：整理者說可從。〈橘頌〉：「願歲並謝。」可以參看。

（3）戠之啓時

整理者：「戠」，楚文字「歲」字，楚簡習見。歲，年歲。……《楚辭·九章·橘頌》：「願歲並謝。」「啓」，訓為「開」，開始。……「歲之啓時」，新的一年開始之時，亦即立春之時，猶《楚辭·九章·思美人》言「開春發歲兮」，「開」、「發」皆訓始，指來年開春始歲之時。又《楚辭·招魂》：「獻歲發春兮。」王逸注：「獻，進。言歲始來進，春氣奮揚，萬物皆感氣而生。」亦可參看。〔註275〕

王寧：啓時，啓發時節，疑其義同「啓節」，《藝文類聚》卷八十六引晉張協〈安石榴賦〉曰：「爾乃飛龍啓節，揚飆扇埃。含和澤以滋生，鬱敷萌以挺栽。」謂時節之轉換，可以使樹木滋生成長。〔註276〕

季旭昇：「啓」，原考釋引杜注、孔疏皆釋為「立春」、「立夏」，舊說如此，應可從。但究竟是立春還是立夏，關係到對本文的理解。又，原考釋在註釋中沒有明說「願歲之啓時，思吾樹秀」是指何樹，但是在考釋卷首的「說明」中應該是指李樹……案：根據《中國植物志》，李樹的花期是在四月，即立夏之時；而桐樹的花期則是在六月，已經到了夏末（季夏）之時。因此，「願歲之啓時，思吾樹秀」，應該是指李樹。〔註277〕

陳按：整理者說可從。

（4）思

整理者：「思」，想望。《楚辭》中「思」字相似用法常見，如〈離騷〉「思

〔註273〕馬承源主編：《上海博物館藏戰國楚竹書（八）》，上海古籍出版社2011年版，第242頁。

〔註274〕王寧：〈《上博八·李頌》通讀〉，簡帛研究網站，2011年10月18日。

〔註275〕馬承源主編：《上海博物館藏戰國楚竹書（八）》，上海古籍出版社2011年版，第242頁。

〔註276〕王寧：〈《上博八·李頌》通讀〉，簡帛研究網站，2011年10月18日。

〔註277〕季旭昇：〈《上海博物館藏戰國楚竹書（八）·桐頌》考釋〉，《中央研究院歷史語言研究所集刊》第84本第4分，2013年12月，第679～680頁。

九州之博大兮」，〈九章・惜誦〉「思君其莫我忠」，〈遠遊〉「思舊故以想像兮」等，可以參看。〔註278〕

　　復旦吉大古文字專業研究生聯合讀書會：讀作「使」。〔註279〕

　　季旭昇：「想望」是指本來不該有，而希望有。李樹開花本來就很穠艷，不必用「想望」一詞。〈李頌校釋〉訓「思」爲「使」，可從。〔註280〕

　　陳按：復旦吉大讀書會說可從。

　　（5）虘

　　整理者：「虘」，楚文字用爲「吾」，第一人稱。〔註281〕

　　季旭昇：「思虘桓秀」的主語承前，當爲「李樹」。因此「吾」稱代李樹，應屬合理，不必改讀「乎」。〔註282〕

　　陳按：復旦吉大讀書會將其他例子改讀作「乎」，唯獨保留此處。然通讀全篇，均當讀作「吾」。季旭昇先生認爲「吾」稱代李樹，筆者則以爲篇中「吾樹」是貫穿始終的，均指梧桐。

　　（6）秀

　　整理者：「秀」，禾、草等植物吐穗開花。〔註283〕

　　王寧：秀，成長。〔註284〕

　　陳按：「秀」可形容草木繁茂，秀出於林，此處尤指桐花盛開。《禮記・

〔註278〕馬承源主編：《上海博物館藏戰國楚竹書（八）》，上海古籍出版社 2011 年版，第 243 頁。

〔註279〕復旦吉大古文字專業研究生聯合讀書會：〈上博八〈李頌〉校讀〉註 16，復旦大學出土文獻與古文字研究中心網站，2011 年 7 月 17 日。

〔註280〕季旭昇：〈《上海博物館藏戰國楚竹書（八）・桐頌》考釋〉，《中央研究院歷史語言研究所集刊》第 84 本第 4 分，2013 年 12 月，第 680 頁。

〔註281〕馬承源主編：《上海博物館藏戰國楚竹書（八）》，上海古籍出版社 2011 年版，第 243 頁。

〔註282〕季旭昇：〈《上海博物館藏戰國楚竹書（八）・桐頌》考釋〉，《中央研究院歷史語言研究所集刊》第 84 本第 4 分，2013 年 12 月，第 680 頁。按季先生初稿指出，疑此「樹秀」指前句「素府宮李」之「李樹」，若此說成立，則「虘」字當讀爲「乎」，與全篇另二「虘」字同讀；本句譏貶李樹，不宜用第一人稱「吾」，「使乎」見宋玉〈九辯〉：「無伯樂之善相兮，今誰使乎譽之？」

〔註283〕馬承源主編：《上海博物館藏戰國楚竹書（八）》，上海古籍出版社 2011 年版，第 243 頁。

〔註284〕王寧：《〈上博八・李頌〉通讀》，簡帛研究網站，2011 年 10 月 18 日。

月令》、《呂氏春秋・季春紀》、《淮南子・時則訓》等均言季春之時,「桐始華」。

14. 豐芋(華)縫(重)光,民之所好可(兮)。

(1)句解

該句整理者作「豐芋(華)縫(縺)光,民之所好可(兮)」,認爲「豐華重光」猶言「繁花如錦」〔註285〕。可從。黃浩波先生指出:「此句言,梓樹滿樹繁花,猶如聖人之德光輝照耀。」〔註286〕王寧先生認爲,「豐華重光,民之所好兮」,意思是桐樹開花繁盛、色彩絢爛,是人們所喜歡的〔註287〕。季旭昇先生指出,原整理者顯然認爲「豐華重光,民之所好」是其他樹(主要指桐樹)「附和世俗風氣」,這種說法很難有成立的可能;梧桐樹開花淡黃綠色,屬圓錐花序,素淡無華,從來沒有人讚美梧桐花,相反地,李花倒是自古以來廣受世人喜愛,前引《詩經》「何彼襛矣,華如桃李」已足爲證;因此這兩句話是說媚俗的李樹開花,爲流俗所喜好〔註288〕。全句承上句,謂梧桐花開光艷,爲大家所喜愛。

(2)豐

整理者:「豐」,茂盛,茂密。〔註289〕

黃浩波:豐華者,言其花之繁盛。《廣韻》:「豐,大也,多也,茂也,盛也。」《詩經・小雅・湛露》:「湛湛露斯,在彼豐草。」《中國植物志・卷六十九》引《中國樹木分類學》言梓樹「春日滿樹白花,秋冬莢垂如豆」。

(3)芋

整理者:「芋」,讀爲「華」。……芋,從「艸」,「亏」聲。華,從「艸」,從「雩」(「華」爲「雩」孳乳字),「雩」從「亏」聲。又,「雩」字或體作「荂」,

〔註285〕馬承源主編:《上海博物館藏戰國楚竹書(八)》,上海古籍出版社2011年版,第243頁。

〔註286〕黃浩波:〈讀上博八〈杍頌〉箚記〉,武漢大學簡帛研究中心網站,2011年8月23日。

〔註287〕王寧:《〈上博八・李頌〉通讀》,簡帛研究網站,2011年10月18日。

〔註288〕季旭昇:〈《上海博物館藏戰國楚竹書(八)・桐頌》考釋〉,《中央研究院歷史語言研究所集刊》第84本第4分,2013年12月,第680~681頁。

〔註289〕馬承源主編:《上海博物館藏戰國楚竹書(八)》,上海古籍出版社2011年版,第243頁。

見《說文》。荂，從「艸」，「夸」聲，而「夸」從「亏」得聲。與「芌」字所從聲旁同，故可相通。華，草木之榮。《說文》：「華，榮也。」《爾雅·釋草》：「木謂之華，草謂之榮。」對言則異，散言則通，後世以「花」字代之，而「華」義別行。〔註290〕

（4）縺光

整理者：「縺」，即「絟」字。「絟」從「重」聲，「重」與「童」相通。……絟，重複。《說文》：「絟，增益也。」經傳假「重」爲之，今「重」行而「絟」廢（參見段玉裁注）。「絟光」，即「重光」，本義指日光重明，見《漢書·兒寬傳》：「癸亥宗祀，日宣重光。」《書·顧命》：「昔君文王、武王，宣重光。」比喻累世盛德，輝光相映。簡文「重光」是用來形容花貌。〔註291〕

黃浩波：「重光」亦是古語。《尚書·顧命》有言：「昔君文王、武王宣重光，奠麗陳教則肄。」《傳》：「言昔先君文武，布其重光，累聖之德，定天命，施陳教，則勤勞。」〔註292〕

王寧：絟，原字從糸童聲，古字從重與從童每無別，故乃縺之或體，讀書會括讀爲重。光，謂華彩，《楚辭·天問》：「羲和之未揚，若華何光？」也是指花的華彩。重光，謂桐花之光彩相承，色彩絢爛之意。〔註293〕

（5）民之所好

整理者：「民」，民眾。……「好」，喜歡。……「民之所好」，語亦見《禮記·大學》：「民之所好好之，民之所惡惡之。」又《韓非子·外儲說右下》：「慶賞賜與，民之所喜也。」簡文「民之所好」，猶言「民之所喜」。〔註294〕

15. 獣（守）勿（物）弜（強）槾（幹），木一心可（兮）。

（1）句解

該句整理者作「獣（守）勿弜（強）槾（桿），木一心可（兮）」〔註295〕，

〔註290〕同上。
〔註291〕同上。
〔註292〕黃浩波：〈讀上博八〈杍頌〉箚記〉，武漢大學簡帛研究中心網站，2011年8月23日。
〔註293〕王寧：《〈上博八·李頌〉通讀〉，簡帛研究網站，2011年10月18日。
〔註294〕馬承源主編：《上海博物館藏戰國楚竹書（八）》，上海古籍出版社2011年版，第243～244頁。
〔註295〕同上，第242頁。

復旦吉大古文字專業研究生聯合讀書會作「獸（守）勿（物）弜（強）榦（幹），木一心可（兮）」〔註296〕，可從。王寧先生認爲，「守物強幹，木一心兮」，謂堅守職責強理其主幹，專心致志，心無旁騖，故曰「一心」，是以人事與桐樹互爲喻也〔註297〕。季旭昇先生指出，全句謂梧桐樹能堅守原則，強立樹幹，不隨俗取媚，以喻君子堅守原則，專志不二〔註298〕。全句謂梧桐堅守自我，擁有強韌的枝幹，且這種品性一以貫之。整理者的解說過於玄虛，聯繫到下文的「違與它木，非與從風兮」，以及上文的「亢其不貳兮」，便不難理解本句對梧桐堅持自身品格的強調了。〈橘頌〉的「受命不遷」、「蘇世獨立，橫而不流兮」，亦是此義。

（2）獸勿

整理者：「獸」即「獸」字，讀爲「守」。……《說文》：「守，守官也。」由官吏的職守，引申爲保守、保持。〔註299〕

高佑仁：「守勿強悍」，這邊的「勿」似不應當否定副詞使用，「勿」讀「物」，「守物」，《管子·輕重丁》「此謂守物而御天下也」。〔註300〕

王寧：獸，原字左單右犬，讀書會讀爲守，是。守，堅守。勿，讀爲《詩·烝民》「有物有則」之「物」，毛傳「物，事也」，《禮記·哀公問》「孔子對曰：『不過乎物』」，注：「物，猶事也。」《玉篇》：「物，事也。」指事務、職責。守物，謂堅守其職責。〔註301〕

季旭昇：「勿」讀爲「物」，楚簡多見，可從。物，謂物質，本質，本性，引申爲合乎本質本性之法則，《詩·大雅·烝民》：「天生烝民，有物有則。」鄭箋：「天之生眾民，其性有物象，謂五行仁、義、禮、智、信也。」〔註302〕

〔註296〕復旦吉大古文字專業研究生聯合讀書會：〈上博八〈李頌〉校讀〉，復旦大學出土文獻與古文字研究中心網站，2011年7月17日。
〔註297〕王寧：〈《上博八·李頌》通讀〉，簡帛研究網站，2011年10月18日。
〔註298〕季旭昇：〈《上海博物館藏戰國楚竹書（八）·桐頌》考釋〉，《中央研究院歷史語言研究所集刊》第84本第4分，2013年12月，第681頁。
〔註299〕馬承源主編：《上海博物館藏戰國楚竹書（八）》，上海古籍出版社2011年版，第244頁。
〔註300〕參見復旦大學出土文獻與古文字研究中心網站「曹錦炎：上博簡《楚辭》」帖子第3樓「佑仁」的發言，2010年3月24日。
〔註301〕王寧：〈《上博八·李頌》通讀〉，簡帛研究網站，2011年10月18日。
〔註302〕季旭昇：〈《上海博物館藏戰國楚竹書（八）·桐頌》考釋〉，《中央研究院歷史語言研究所集刊》第84本第4分，2013年12月，第681頁。

陳按：楚簡中「獸」大多讀作「守」；「勿」常讀作「物」，此處亦當如此，參看同輯〈蘭賦〉的「異物」。

（3）弜榦

整理者：「弜」，古文字「強」字。強，剛強，堅硬。《韓非子・孤憤》：「能法之士，必強毅而勁直。」《論衡・狀留》：「後彼春榮之木，其材強勁。」以「強」指樹木。又，《詩・鄭風・將仲子》：「無折我樹檀。」毛傳：「檀，強韌之木。」毛亨亦以「強」、「韌」稱樹性。「榦」即「桿」字繁構，讀爲「悍」，二字皆從「旱」得聲，可通。悍，勇猛、強勁。……簡文「強」、「悍」是同義疊用。「強悍」，亦見《魏書・李苗傳》：「隴兵強悍，且群聚無資。」《老子》「守柔曰強」、「強大處下，柔弱處上」、「柔弱勝剛強」，可作簡文「守勿強悍」之的詁。又《孟子・離婁上》：「守，孰爲大？守身爲大。」亦可參考。〔註303〕

王寧：強，原字上爲古文強（右邊上口下二）下從力，「力」是綴加的義符，當是強勁之「強」的繁構。榦，原字右下從旱，讀書會括讀爲幹。本來是指樹幹，這裏喻指事務的主榦、根本。〔註304〕

季旭昇：「強幹」，指強化樹幹。〔註305〕

陳按：整理者說可疑。該字從「倝」，隸作「榦」，讀作「幹（榦）」，指樹幹。

（4）一心

季旭昇：一心，謂專志不二。〔註306〕

陳按：《楚辭・九章・惜誦》：「壹心而不豫兮，羌不可保也。」

16. 愇（違）與佗（它）木，非與從風可（兮）。

（1）句解

該句整理者作「愇（違）與他木，非與從風可（兮）」，整理者指出，「違與他木，非與從風」，意思是說李樹跟其他樹相違背，不同它們一樣附和世

〔註303〕馬承源主編：《上海博物館藏戰國楚竹書（八）》，上海古籍出版社 2011 年版，第 244 頁。
〔註304〕王寧：《〈上博八・李頌〉通讀》，簡帛研究網站，2011 年 10 月 18 日。
〔註305〕季旭昇：《〈上海博物館藏戰國楚竹書（八）・桐頌〉考釋》，《中央研究院歷史語言研究所集刊》第 84 本第 4 分，2013 年 12 月，第 681 頁。
〔註306〕同上。

俗風氣（即上文所言之「豐華縺光，民之所好」）〔註307〕。復旦吉大古文字專業研究生聯合讀書會作「偉（違）與（於）佗（它）木，非與從風可（兮）」〔註308〕，季旭昇先生從之，認爲該句指梧桐樹「違於它木」，不跟李樹等「它木」一樣附和世風，取媚於人，比喻君子不隨聲附和，討好流俗〔註309〕。王寧先生認爲，這兩句是說：桐樹是會與其他樹木長在一起，但不會與它們那樣隨風俯仰搖擺不定〔註310〕。筆者作「偉（違）與佗（它）木，非與從風可（兮）」。全句謂梧桐異於常木，不隨波逐流。

（2）偉

整理者：「偉」，讀爲「違」，二字均從「韋」得聲，可通。違，遠離，避開。《說文》：「違，離也。」……引申爲違背之意。〔註311〕

王寧：據《說文》「偉」是「韙」的籀文，《說文》：「韙，是也。」「韙（是）與」與下句之「非與」爲對。〔註312〕

（3）與

整理者：「與」，介詞，相當於「跟」、「同」。〔註313〕

復旦吉大古文字專業研究生聯合讀書會：讀作「於」。

王寧：與，許也。〔註314〕

陳按：從整理者說。

（4）佗木

整理者：「他木」，其他的樹。〔註315〕

〔註307〕馬承源主編：《上海博物館藏戰國楚竹書（八）》，上海古籍出版社 2011 年版，第 242 頁。

〔註308〕復旦吉大古文字專業研究生聯合讀書會：〈上博八〈李頌〉校讀〉，復旦大學出土文獻與古文字研究中心網站，2011 年 7 月 17 日。

〔註309〕季旭昇：〈上海博物館藏戰國楚竹書（八）·桐頌〉考釋〉，《中央研究院歷史語言研究所集刊》第 84 本第 4 分，2013 年 12 月，第 682 頁。

〔註310〕王寧：《上博八·李頌》通讀〉，簡帛研究網站，2011 年 10 月 18 日。

〔註311〕馬承源主編：《上海博物館藏戰國楚竹書（八）》，上海古籍出版社 2011 年版，第 244 頁。

〔註312〕王寧：《上博八·李頌》通讀〉，簡帛研究網站，2011 年 10 月 18 日。

〔註313〕馬承源主編：《上海博物館藏戰國楚竹書（八）》，上海古籍出版社 2011 年版，第 244 頁。

〔註314〕王寧：《上博八·李頌》通讀〉，簡帛研究網站，2011 年 10 月 18 日。

〔註315〕馬承源主編：《上海博物館藏戰國楚竹書（八）》，上海古籍出版社 2011 年版，第 244 頁。

　　王寧：佗，讀書會括讀爲「它」。它木，指館中除桐樹外的其他樹木。
〔註316〕

　（5）非

　　整理者：「非」，否定副詞，相當於「不」。〔註317〕

　（6）從風

　　整理者：「從」，隨行，跟隨。……「風」，習俗，風氣。……「從風」，
附和世風，見《文子‧上仁》：「息怒形於心，嗜欲見於外，則守職者離正而
阿上，有司枉法而從風。」又，《楚辭‧離騷》：「委厥美以從俗兮。」……「從
俗」與「從風」義同，皆可參看。〔註318〕

　　王寧：從風，是指從風俯仰搖擺，謂不堅定。〔註319〕

17. 氏（是）古（故）聖人兼此和勿（物）已（以）李（理）人情，人因丌（其）情則樂丌（其）事，遠丌（其）情　氏（是）古（故）聖人兼此

　（1）句解

　　該句整理者作「氏（是）古（故）聖人兼此，呋勿（物）已（以）李（李）
人情。人因丌（其）情，則樂丌（其）事，遠丌（其）情」，指出從「氏古
聖人……」句開始，以下爲評語，此段點評文字，疑爲授詩者所爲〔註320〕。
復旦吉大古文字專業研究生聯合讀書會作「氏（是）古（故）聖人束此和勿
（物），以李（理）人情，人因亓（其）情則樂亓（其）事，遠亓（其）情」，
並指出〈李頌〉簡2下半段自「氏古」二字起至簡末與〈李頌〉主體部分有
空白，自成一段，其字跡特徵與〈李頌〉、〈蘭賦〉的整體風格亦有所不同，
它們折角更加明顯，下筆也更加有力，這些字跡特徵與〈吳命〉、〈相邦之道〉
等篇的字跡風格更爲接近，如它們的「人」、「此」、「勿」、「子」（「李」字所
從）、「亓」、「因」、「遠」等的書寫特徵一樣，所以，它們應爲同一抄手所抄；

〔註316〕王寧：《〈上博八‧李頌〉通讀》，簡帛研究網站，2011年10月18日。
〔註317〕馬承源主編：《上海博物館藏戰國楚竹書（八）》，上海古籍出版社2011年版，
　　　　第244頁。
〔註318〕同上。
〔註319〕王寧：《〈上博八‧李頌〉通讀》，簡帛研究網站，2011年10月18日。
〔註320〕馬承源主編：《上海博物館藏戰國楚竹書（八）》，上海古籍出版社2011年版，
　　　　第242、246頁。

〈李頌〉簡 3 爲〈蘭賦〉簡 4 的背面，其字跡與「氐古」二字起至簡末一段的字跡特徵是一致的，爲標題簡；整理者認爲簡 2「氐古」至簡末這段簡文是授詩者的點評文字，其實應存疑〔註321〕。程少軒先生則指出〈李頌〉、〈蘭賦〉同冊編聯，《氏（是）古（故）聖人兼此》是書名，當指聖人兼有桐、蘭兩種品格〔註322〕。黃浩波先生認爲，此二句當如曹錦炎先生所言，爲「點評文字」。句中「聖人」當指〈梓材〉之周武王；「此」即〈梓頌〉篇中所頌梓樹之德及〈梓材〉所言之理；「和物」「以梓人情」正與〈梓材〉篇中「皇天既付中國民，越厥疆土，于先王肆；王惟德用，和懌先後迷民，用懌先王受命」一句對應，此又篇名爲〈梓頌〉之鐵證〔註323〕。王寧先生指出，此句殘缺，義不能明，僅能根據文例補出「則□其□」，與上句「則樂亓事」爲對；從「是故聖人兼此和物」句至此，乃總結本篇所言之「理」，與篇題「李（理）頌」相呼應；意思是聖人具備上述桐樹的種種美德與品質，來協和事務，調理人情，眾人因襲了聖人的性情就會喜歡爲聖人所使，遠離聖人的性情就會……，所以聖人都要具備這些美德與品質〔註324〕。季旭昇先生作「氏（氏／是）古（故）聖人束（肅）此和勿（物），以李（理）人情。人因亓（其）情，則樂亓（其）事；遠亓（其）情，〔則惡亓（其）事〕」，指出本句與前文書手不同，句法不同、書體的差異都很大（如簡一背之「李」字作「◆」、本簡作「◆」，差異甚大），又不押韻，當非〈桐賦〉本文，原整理者以爲評點文字，頗有可能，當係傳授者之申論文字；原考釋把二「情」字做不同訓解，固然也可以通讀，但畢竟是一個缺憾；〈李頌校讀〉認爲本句後有缺文，比較合理，但以爲不是「授詩者的點評文字」，「應存疑」，則稍嫌保守；如果以意復原，全句可能作「人因亓（其）情，則樂亓（其）事；遠亓（其）情，則惡其事」；如果這個推測合理，也可以看出最後這幾句不是〈桐頌〉本文，而是教授者、傳鈔者或研讀者的心得附記，而且不

〔註321〕復旦吉大古文字專業研究生聯合讀書會：〈上博八〈李頌〉校讀〉，復旦大學出土文獻與古文字研究中心網站，2011 年 7 月 17 日。

〔註322〕參見程少軒先生在復旦吉大古文字專業研究生聯合讀書會〈上博八〈鶹鷜〉校讀〉（復旦大學出土文獻與古文字研究中心網站，2011 年 7 月 17 日）一文下的評論，2011 年 7 月 18 日。另見程少軒〈上博八〈鶹鷜〉與〈有皇將起〉編冊小議〉，《中國文字》新 38 期，臺灣藝文印書館 2012 年版。

〔註323〕黃浩波：〈讀上博八〈杼頌〉箚記〉，武漢大學簡帛研究中心網站，2011 年 8 月 23 日。

〔註324〕王寧：〈《上博八·李頌》通讀〉，簡帛研究網站，2011 年 10 月 18 日。

是很成熟，也沒有寫完整〔註 325〕。筆者作「氏（是）古（故）聖人兼此和勿（物）吕（以）李（理）人情，人因丌（其）情則樂丌（其）事，遠丌（其）情……」。

上述句子較費解，季旭昇先生所補文字可幫助理解。不過尚不能確定其是否是對詩義的闡發或教授，不能確定是否與詩的主體直接相關，也不能確定是否完整。該句有可能是其他篇章內容的竄入，也有可能是〈李頌〉的內容組成，可參看同輯〈蘭賦〉末尾的議論文字。由於〈蘭賦〉與〈李頌〉一起書寫，這些文字也可能針對兩篇而發。該句對「情」的解說，值得重視。

（2）氏古

整理者：「氏」，讀爲「是」。 ……「古」，讀爲「故」。 ……「氏古」，讀爲「是故」。「是故」，連詞，因此，所以。 〔註 326〕

高佑仁：■■原考釋者釋作「氏（是）故」，嚴格來說應作「氏（是）故」。字又見〈容成氏〉之篇題「■」。〈容成氏〉簡 1～53 凡是本字是「氏」者，簡文皆寫作「是」，惟獨簡 53 背的「氏」却寫作「氏」。（蘇建洲先生《《上海博物館藏戰國楚竹書（二）》校釋》頁 16）

林義光《文源》：「氏當與『氐』同字。氏、氐音稍變，故加『一』以別之。」何琳儀先生認爲「氏」、「氐」一字分化。（何琳儀：《戰國古文字典－戰國文字聲系》，頁 1210）季旭昇師認爲氏、氐爲同源字。（季旭昇師：《說文新證 下冊》，臺北：藝文印書館，2004.11，頁 194～195。）氏，禪紐支部；氐，端紐脂部，聲紐相近，支、脂二部在典籍中也經常相通，可證從「氏」與「祗」可通。（曲冰：〈上海博物館藏戰國楚竹書（1～5）佚書詞語研究〉，吉林大學博士論文，2010 年，頁 41） 〔註 327〕

王寧：氏古，讀書會括讀爲「是故」，下同。 〔註 328〕

季旭昇：「氏」，原考釋隸「氏」，蒙審查人指出實爲「氐」字，可從。楚

〔註 325〕季旭昇：〈《上海博物館藏戰國楚竹書（八）・桐頌》考釋〉，《中央研究院歷史語言研究所集刊》第 84 本第 4 分，2013 年 12 月，第 682～683 頁。

〔註 326〕馬承源主編：《上海博物館藏戰國楚竹書（八）》，上海古籍出版社 2011 年版，第 245 頁。

〔註 327〕參見高佑仁先生在復旦吉大古文字專業研究生聯合讀書會〈上博八〈李頌〉校讀〉（復旦大學出土文獻與古文字研究中心網站，2011 年 7 月 17 日）一文下的評論，2011 年 8 月 19 日。

〔註 328〕王寧：〈《上博八・李頌》通讀〉，簡帛研究網站，2011 年 10 月 18 日。

簡「氏」或逕讀爲「氏」，《上博二‧容成氏》簡53背之篇題「氏」即書作「氏」。〔註329〕

　　陳按：「氏」的隸定，從高佑仁先生說。

　　（3）聖人

　　整理者：「聖人」，指品德最高尚或智慧最高超的人。〔註330〕

　　（4）兼此

　　整理者：「兼此」，盡此。〔註331〕

　　鄔可晶：簡2、3的「是故聖人束此……」，「束」仍當釋讀爲「兼」。簡1「㦯（極）植（直）束（速）成」之「束」亦當釋讀爲「兼」。〔註332〕

　　黃浩波：「束」，讀作「秉」。……「秉」訓「秉持」。〔註333〕

　　王寧：兼，讀書會釋「束」。這裏仍當是具備之意。兼此，即兼有上述桐樹的種種美德。〔註334〕

　　季旭昇：「束」簡文作「![字]」，與簡1正同，依簡1所論，此字依形當優先隸爲「兼」，但戰國楚文字「兼」與「束」有譌混現象，本文主張簡1應隸爲「棘」，即「棘／束」，則此處似亦隸「束」較合理，「束」可讀爲「肅」，「束」，書玉切，上古音屬書紐屋部；「肅」，息逐切，心紐覺部。屋覺旁轉，其例多見；聲紐則爲舌齒旁紐。亦可讀爲「速」，釋爲「召集、集合」；「和」意爲「調和」。「束（速）此和物」謂「嚴肅地調和眾物，以理順人情」或「集合桐、李，調和眾物，以理順人情」，本文隸定語譯姑用前說。〔註335〕

　　陳按：當釋作「兼」，參看前文的討論。

〔註329〕季旭昇：〈《上海博物館藏戰國楚竹書（八）‧桐頌》考釋〉，《中央研究院歷史語言研究所集刊》第84本第4分，2013年12月，第683頁。

〔註330〕馬承源主編：《上海博物館藏戰國楚竹書（八）》，上海古籍出版社2011年版，第245頁。

〔註331〕同上。

〔註332〕參見鄔可晶先生在復旦吉大古文字專業研究生聯合讀書會〈上博八〈李頌〉校讀〉（復旦大學出土文獻與古文字研究中心網站，2011年7月17日）一文下的評論，2011年7月17日。

〔註333〕黃浩波：〈讀上博八〈杼頌〉箚記〉，武漢大學簡帛研究中心網站，2011年8月23日。

〔註334〕王寧：《上博八‧李頌》通讀〉，簡帛研究網站，2011年10月18日。

〔註335〕季旭昇：〈《上海博物館藏戰國楚竹書（八）‧桐頌》考釋〉，《中央研究院歷史語言研究所集刊》第84本第4分，2013年12月，第682頁。

（5）咊勿

整理者：「咊」，今作「和」。《說文》：「咊，相應也」。本義指聲音相應，引申為以詩歌酬答。《列子‧周穆王》：「西王母為王謠，王和之，其辭哀焉。」簡文「和」字即用此義。「勿」，讀為「物」。〔註336〕

王寧：勿，通物，和物，協和事務。〈校讀〉以「和勿」屬上句讀，恐非。〔註337〕

陳按：「和物」連言，當是受事。

（6）杢

整理者：「杢」，即「李」字，指李樹。〔註338〕

黃浩波：「李」讀作「梓」，如前。……「梓」訓「治理」。

《尚書‧梓材》篇下，《傳》：「梓材告康叔以為政之道，亦如梓人治材。」《疏》：「梓音子，本亦作杍，馬云：『古作梓字。治木器曰梓，治土器曰陶，治金器曰冶。』」《正義》曰：「此取下言『若作梓材，既勤樸斲』，故云『為政之道，如梓人治材』。此古『杍』字，今文作『梓』。『梓』，木名，木之善者，治之宜精，因以為木之工匠之名。下有『稽田』、『作室』，乃言『梓材』，三種獨用『梓材』者，雖三者同喻，田在於外，室總於家，猶非指事之器，故取『梓材』以為功也。因戒德刑與酒事終，言治人似治器而結之故也。」

《尚書‧梓材》：「若作梓材，既勤樸斲，惟其塗丹雘。」句下，亦有傳云：「為政之術，如梓人治材為器，已勞力樸治斲削，惟其當塗以漆丹以朱而後成。以言教化亦須禮義然後治。」正義曰：「又若梓人治材為器，已勞力樸治斲削其材，惟其當塗而丹漆以朱雘乃後成。以喻人君為政之道，亦勞心施政，除民之疾，又當惟其飾以禮義，使之行善然後治。」〔註339〕

王寧：李，讀書會括讀為理，調理、處理。〔註340〕

〔註336〕馬承源主編：《上海博物館藏戰國楚竹書（八）》，上海古籍出版社 2011 年版，第 245 頁。

〔註337〕王寧：《〈上博八‧李頌〉通讀》，簡帛研究網站，2011 年 10 月 18 日。

〔註338〕馬承源主編：《上海博物館藏戰國楚竹書（八）》，上海古籍出版社 2011 年版，第 245 頁。

〔註339〕黃浩波：〈讀上博八〈杍頌〉箚記〉，武漢大學簡帛研究中心網站，2011 年 8 月 23 日。

〔註340〕王寧：《〈上博八‧李頌〉通讀》，簡帛研究網站，2011 年 10 月 18 日。

陳按：當如讀書會讀作「理」。

（7）情₁

整理者：「情」，《說文》謂：「人之陰氣有欲者。」徐灝《注箋》：「發於本心謂之情。」「人情」，人之感情。《禮記・禮運》：「何謂人情？喜、怒、哀、懼、愛、惡、欲，七者弗學而能。」《荀子・正名》：「性之好、惡、喜、怒、哀、樂謂之情。」此句謂聖人（詩人）詠物寄予李樹以人之感情。《荀子・解蔽》：「聖人縱其欲，兼其情，而制焉者理矣。」《荀子》此句或可爲簡文作注釋。〔註341〕

（8）因

整理者：「因」，《說文》謂「就也」，引申爲順隨、順著。〔註342〕

（9）情₂

整理者：「人因其情」之「情」義爲本性。《孟子・告子上》：「乃若其情，則可以爲善矣。」「若其情」與簡文「因其情」意思相同。〔註343〕

（10）樂

整理者：「樂」，樂於。〔註344〕

（11）事

整理者：「事」，事情。〔註345〕

（12）遠

整理者：「遠」，離去，避開。〔註346〕

（13）情₃

整理者：「情」，情緒。〔註347〕

復旦吉大古文字專業研究生聯合讀書會：「遠其情」下整理者加句號，

〔註341〕馬承源主編：《上海博物館藏戰國楚竹書（八）》，上海古籍出版社 2011 年版，第 245 頁。
〔註342〕同上，第 246 頁。
〔註343〕同上。
〔註344〕同上。
〔註345〕同上。
〔註346〕同上。
〔註347〕同上。

按，此三字後似有缺文。〔註348〕

〔註348〕復旦吉大古文字專業研究生聯合讀書會：〈上博八〈李頌〉校讀〉註 21，復旦大學出土文獻與古文字研究中心網站，2011 年 7 月 17 日。

二、〈蘭賦〉集釋

（一）題　解

　　本篇原無篇題，整理者認爲屬賦體，擬題作〈蘭賦〉。相傳楚國有〈幽蘭〉之曲。謝惠連〈雪賦〉云：「〈曹風〉以麻衣比色，楚謠以〈幽蘭〉儷曲。」〈日出東南隅行（五言）〉：「悲歌吐清響，雅舞播〈幽蘭〉。」至於其出典，注家引宋玉〈諷賦〉逸文：「臣嘗行至，主人獨有一女，置臣蘭房之中，臣授琴而鼓之，爲〈幽蘭〉、〈白雪〉之曲。」《古文苑》尚輯有宋玉〈諷賦〉，然不盡可信。依據上述材料，楚國曾有〈幽蘭〉之曲，今見上博簡〈蘭賦〉題作〈幽蘭〉亦是極爲恰當。本篇所敘實際上是「幽蘭」，且可進一步說明先秦的「蘭」是蘭草而非今天的蘭花，詳下編的專題研究。

　　整理者指出，本篇共有簡 5 支，除第 5 支簡外，均有殘損。完簡長度約 53 釐米，書寫字數爲 48 字左右，全篇共計 160 字。編繩 3 道〔註1〕。

　　由於簡有殘缺，詩的全貌難以盡窺，除了第 4、第 5 號簡可以貫通，其他三支簡的次序尚難完全確定，暫從整理者的編聯方案。該篇與〈桐頌（李頌）〉同抄，也是一篇詠物小賦。作者託物喻志，全篇歌頌蘭的高潔品格、超然節操以及蘇世獨立的特殊氣質。

　　簡 1 強調旱情嚴重，稊稗瘋長，而蘭則選擇生長在幽谷。

　　簡 2 敘及雖然天旱不雨，環境惡劣，但幽谷中的蘭仍兀自生長，等待時機，即使蘭花凋落仍不失掉芬芳，芬芳充盈傳佈四方。

〔註1〕　馬承源主編：《上海博物館藏戰國楚竹書（八）》，上海古籍出版社 2011 年版，第 249 頁。

簡 3 將螻蟻虺蛇與蘭作對比，強調蘭居處幽僻，仍秉持其芳潔的品性。

簡 4、5 具有評論性質，再次提及天氣惡劣，稊稗橫生，而蘭有其特殊秉性，是人們望塵莫及的。

整理者已經強調本篇在研究賦體演變方面的重要價值，同時指出本篇對仗講究，用字推敲，多同義或義近字連文疊用。諸如「茂豐」、「選物」、「備修庶戒」、「芳盈苾（？）彌（？）」、「達聞」、「處宅」、「殘賊」、「遑遠」、「行道」、「身體」、「比擬」等語，均屬同義連文。此外，該篇對蘭的擬人化描寫以及象徵、對比的手法亦值得我們重視。作者以天氣大旱爲背景，強調環境惡劣，以烘托蘭草生存之艱辛、品性之堅貞；將稊稗這種在大旱時節繁茂的植物作爲反面意象與蘭草作對比，以襯托蘭草的卓爾不群；以螻蟻虺蛇作爲反面意象，與蘭草作對比，反映蘭草性喜幽靜。通過這幾組對比關係，蘭草的形象得以昇華。該篇對蘭草的擬人化描寫諸如「決去選物，宅在幽中」、「備修庶戒，逢時焉作」、「遑遠行道，不窮（？）有折，蘭斯秉德」、「蘭有異物：容則簡逸而莫之能效矣，身體重（？）靜（？）而目耳勞矣，處（？）位懷（？）下而比擬高矣」等語句，均有擬人化的傾向。至於「年前其約儉，美後其不長」等語句，則對仗嚴整。本篇的藝術性較高，對於文學史研究尤其是詩賦研究具有重要價值。

（二）釋　文

嚴式釋文：

……汗（旱），雨零（露）不隆（降）矣。日月遊（失）時，莒（黃－稊）薜（稗）茅（茂）豐。夬（決）迖（去）選勿（物），宅（宅）才（在）學（幽）宙（中）。【1】……

……汗（旱）亓（其）不雨可（兮），湫（？）而不沽（涸）。備坌（修）夋（庶）戒，方（逢）旹（時）安（焉）戔（作）。緩才（哉）萊（蘭）可（兮）！……攸（搖）苕（落）而猷（猶）不遊（失）氏（氒－厥）芳，芳涅（盈）訛（苾？）辵（迟－彌？）而達韾（聞）于四方。尻（處）宅（宅）幽彔（麓），【2】……

……戔（殘）惻（賊）。蜃（螻）蛾（蟻）虫（虺）蛇，親眾秉志。綽（遑）遠行道，不躬（窮？）又（有）斬（折），蘭斯秉惪（德），叞【3】……

……季（年）萻（前）亓（其）約𩜄（儉），綂（美）逡（後）亓（其）

不長。女（如）萊（蘭）之不芳，訐（信）萊（蘭）亓（其）穫（沫）也。風汗（旱）【4】之不罔（亡），天道亓（其）逃（越）也。萯（黃－稊）薜（稗）之方记（起），夫亦啻（適）其戕（歲）也。萊（蘭）又（有）異勿（物）：蓉（容）惻（則）柬（簡）辮（逸）而莫之能畜（效）矣，身體貼（重？）靖（靜？）而目耳袋（勞）矣，尸（處？）位斀（懷？）下而比忩（擬）高矣。【5】

寬式釋文：

……旱，雨露不降矣。日月失時，稊稗茂豐。決去選物，宅在幽中。……

……旱其不雨兮，湫（？）而不涸。備修庶戒，逢時焉作。緩哉蘭兮！……搖落而猶不失厥芳，芳盈苂（？）彌（？）而達聞于四方。處宅幽麓，……

……殘賊。螻蟻虺蛇，親眾秉志。遑遠行道，不窮（？）有折，蘭斯秉德，叙……

……年前其約儉，美後其不長。如蘭之不芳，信蘭其沫也。風旱之不亡，天道其越也。稊稗之方起，夫亦適其歲也。蘭有異物：容則簡逸而莫之能效矣，身體重（？）靜（？）而目耳勞矣，處（？）位懷（？）下而比擬高矣。

整理者釋文：

……汗（旱），雨霝（露）不陞（降）矣。日月遊（失）時，萯（黃）薜茅（茂）豐。夬（決）迲（去）選勿（物），㝵（宅）才（在）孳（茲）宙（中）。【1】……汗（旱）亓（其）不雨，可（何）淵而不沽（涸）？備坴（修）庶戒，方（旁）眱（時）安（焉）复（作）。緩才（哉）萊（蘭）可（兮），〔華〕攸（滌）荅（落）而猷不遊（失）氏（是）芳，涅（盈）訑迡（邇）而達飼（聞）于四方。尸㝵（宅）幽彔（麓），【2】戔（殘）惻（賊）螻蛾（蟻）虫蛇。親眾秉志，綽（遑）遠行道。不躬又（有）折，萊（蘭）斯秉悳。叙（賢）……【3】……年（侫）前亓（其）約酓（儉），耑（端）後亓（其）不長，女（如）萊（蘭）之不芳。信萊（蘭）亓（其）疑（栽）也，風汗（旱）【4】之不罔（罔），天道亓（其）逃（越）也。萯（黃）薜之方记（起），夫亦啻（適）亓（其）戕（歲）也。萊（蘭）又（有）異勿（物），苂（蔘）惻（則）柬（簡）辮（逸），而莫之能畜（效）矣。身體貼（重）靖（輕），而目耳袋（勞）矣。生立（位）斀（埒）下，而比忩（擬）高矣。【5】

（三）韻　讀

……旱，雨露不降（冬部）矣。日月失時，秭稗茂豐（冬部）。決去選物，宅在幽中（冬部）。……

……旱其不雨兮，湫（？）而不涸（鐸部）。備修庶戒，逢時焉作（鐸部）。緩哉蘭兮！……搖落而猶不失厥芳（陽部），芳盈芯（？）彌（？）而達聞于四方（陽部）。處宅幽麓，……

……殘賊（職部）。螻蟻虺蛇（歌部），親眾秉志（之部）。逴遠行道，不窮（？）有折（月部），蘭斯秉德（職部），旣……

……年前其約儉，美後其不長（陽部）。如蘭之不芳（陽部），信蘭其沫（月部）也。風旱之不亡（陽部），天道其越（月部）也。秭稗之方起，夫亦適其歲（月部）也。蘭有異物：容則簡逸而莫之能效（宵部）矣，身體重（？）靜（？）而目耳勞（宵部）矣，處（？）位懷（？）下而比擬高（宵部）矣。

說明：復旦吉大古文字專業研究生聯合讀書會已有初步分析。

（四）集　釋

1. ……汗（旱），雨霝（露）不墜（降）矣。

（1）句解

該句整理者作「……汗（旱），雨霝（露）不墜（降）矣」〔註2〕，可從。全句謂天氣乾旱，久未下雨。

（2）汗

整理者：「汗」，通「旱」，乾旱，久晴不雨。《靈樞經・九宮八風》：「太一移日，天必應之風雨。以其日風雨則吉，歲美民安少病矣。先之則多雨，後之則多汗。」「汗」字用法與簡文同。或以爲「汗」即「旱」之通假字，二字均從「干」得聲，可以相通。《說文》：「旱，不雨也。」〔註3〕

（3）雨霝

整理者：「霝」，《說文》謂：「雨零也。」非簡文義，當讀爲「露」。……《說文》：「露，潤澤也。」指近地面的水氣夜間遇冷，凝結在物體上的水

珠。……「雨露」，雨與露，泛指雨水。……「雨露」，或作「露雨」，見《呂氏春秋・季冬紀・介立》：「四蛇從之，得其露雨。」〔註4〕

（4）陸

整理者：「陸」，下從「止」，即「降」字繁構，古文字表示行動之字或贅增「止」旁。……降，降落，降下。〔註5〕

（5）雨零不陸

整理者：「雨露不降」，亦即天旱之謂。又，《文子・精誠》：「陰陽四時，非生萬物也；雨露時降，非養草木也；神明接，陰陽和，萬物生矣。」「雨露時降」與簡文「雨露不降」義正相反。〔註6〕

2. 日月遊（失）時，茛（莄－稊）薛（稗）茅（茂）豐。

（1）句解

該句整理者作「日月遊（失）時，茛（莄）薛茅（茂）豐」〔註7〕，筆者作「日月遊（失）時，茛（莄－稊）薛（稗）茅（茂）豐」。全句謂日月運行失序，節候不常，稊稗繁茂。

（2）日月遊時

整理者：「遊」，楚文字用為「失」。……其字形結構及二者關係尚不清楚。失，變易，錯亂。……「時」，按照規定或一定的時間。……「失時」，不當其時。……「日月失時」，指日月運行無序，即節候不正常。亦即長沙出土楚帛書所謂：「日月星辰，翾（亂）遊（失）其行。」「失時」，典籍或稱「時失」，《左傳》隱公九年：「庚辰，大雨雪。亦如之。書，時失也。」〔註8〕

（3）茛薛

整理者：「茛」，即「莄」字，從「艸」，「尼」聲。……莄，草名。《說文》：「莄，草也。」《詩・邶風・靜女》：「自牧歸莄，洵美且異。」毛亨傳：「莄，茅之始生也。」「薛」，草名。《爾雅・釋草》：「薛，庚草。」鄭樵注：「藤生，

〔註4〕　馬承源主編：《上海博物館藏戰國楚竹書（八）》，上海古籍出版社2011年版，第251頁。
〔註5〕　同上。
〔註6〕　同上，第252頁。
〔註7〕　同上，第251頁。
〔註8〕　同上，第252頁。

蔓延牆樹間。花生頗似薜荔。」或以爲「薜」，即「薜荔」，《說文》：「薜，牡贊也。」……後世文獻常以「薜蘿」連稱，即指「薜荔」和「女蘿」兩種野生植物，可以參考。薜荔，常綠灌木，蔓生，亦名木蓮。《楚辭·離騷》：「擥木根以結茝兮，貫薜荔之落蘂。」《楚辭·九歌·湘君》：「薜荔柏兮蕙綢，蓀橈兮蘭旌。」〔註9〕

孟蓬生：「莒薜茅（茂）豐」和「薜方起」之「薜」疑讀爲「稊稗」，與蘭相對，指惡艸。〔註10〕

陳按：「薜」，在《爾雅·釋草》中凡五見，訓釋不同。這裏「黃」、「薜」並不能像整理者那樣解釋作兩種植物，更不能理解作香草。綜觀全篇，「黃薜」當是與蘭對立的意象。屈原賦中香草與惡草對立的意象模式，在本篇已見端倪。孟蓬生先生的說法極有見地，惜乎未詳加說明。《孟子·告子上》云：「五穀者，種之美者也。苟爲不熟，不如荑稗。」焦循《正義》指出：「《齊民要術·種穀篇》引《孟子》『不如稊稗』，古從夷、從弟之字多通。」「稊」又作「蕛」，草名，似稗。《爾雅·釋草》：「蕛，英。」郭璞注云：「蕛似稗，佈生地，穢草。」可見，所謂「稊稗」，是在乾旱季節瘋長的「穢草」。

（4）茅豐

整理者：「茅」，讀爲「茂」。 ……茂，草木繁盛。……「豐」，《說文》謂：「豆之豐滿者。」引申爲茂盛，茂密。……「茂豐」，典籍或作「豐茂」，見《管子·水地》：「羽毛豐茂。」又，《論衡·率性》：「肥而沃者性美，樹稼豐茂。」亦指禾稼草木豐盛茂密貌。〔註11〕

3. 夬（決）迲（去）選勿（物），宅（宅）才（在）嚳（幽）审（中）。

（1）句解

該句整理者作「夬（決）迲（去）選勿（物），宅（宅）才（在）嚳（茲）

〔註9〕 同上。

〔註10〕 參見孟蓬生先生在復旦吉大古文字專業研究生聯合讀書會〈上博八〈蘭賦〉校讀〉（復旦大學出土文獻與古文字研究中心網站，2011 年 7 月 17 日）一文下的評論，2011 年 7 月 19 日。

〔註11〕 馬承源主編：《上海博物館藏戰國楚竹書（八）》，上海古籍出版社 2011 年版，第 252～253 頁。

宙（中）」〔註12〕。復旦吉大古文字專業研究生聯合讀書會作「夬（決）迲（去）選勿（物），宅（宅）才（在）學（幽）宙（中）」〔註13〕，可從。整理者將「夬迲選勿」讀作「決去選物」，應該沒有問題，但整理者的解釋可疑。全句謂蘭離開凡草生長之地，選擇居於幽谷。

（2）夬

整理者：「夬」，讀爲「決」。……《說文》：「決，行流也。」本指打開缺口，導引水流。《書·益稷》：「予決九川，距四海。」引申爲分辨，確定。〔註14〕

黃傑：「決、去」均爲與……分開、離開之意。《史記·外戚世家》：「姊去我西時，與我決於傳舍中。」司馬貞《索隱》：「決者，別也。」「去」表離開之意常見，無煩舉例。此句義爲蘭離開群物，居於幽隱之地。〔註15〕

蕭旭：決，果決，果斷。……引《史記·外戚世家》：「姊去我西時，與我決於傳舍中。」《索隱》：「決者，別也。」這個「決」通「訣」，辭別，告別。非其誼也。〔註16〕

陳按：「決」，《莊子·逍遙遊》「我決起而飛」，《釋文》引李頤語：「疾貌。」蕭旭先生訓「果決」，亦可通。總之，「決」當是修飾「去」的狀語。

（3）迲

整理者：「迲，「去」字繁構，楚簡常見。去，去掉，除去。〔註17〕

蕭旭：去，離開，遠離。〔註18〕

〔註12〕同上。

〔註13〕復旦吉大古文字專業研究生聯合讀書會：〈上博八〈蘭賦〉校讀〉，復旦大學出土文獻與古文字研究中心網站，2011年7月17日。

〔註14〕馬承源主編：《上海博物館藏戰國楚竹書（八）》，上海古籍出版社2011年版，第253頁。

〔註15〕參見黃傑先生在復旦吉大古文字專業研究生聯合讀書會〈上博八〈蘭賦〉校讀〉（復旦大學出土文獻與古文字研究中心網站，2011年7月17日）一文下的評論，2011年7月19日。

〔註16〕參見蕭旭先生在復旦吉大古文字專業研究生聯合讀書會〈上博八〈蘭賦〉校讀〉（復旦大學出土文獻與古文字研究中心網站，2011年7月17日）一文下的評論，2011年8月8日。

〔註17〕馬承源主編：《上海博物館藏戰國楚竹書（八）》，上海古籍出版社2011年版，第253頁。

　　陳按：「达」，楚簡每通作「去」，整理者說可從。然整理者訓釋可疑，「去」當指離開。因爲天氣惡劣，上述稊稗叢生，秉性高潔的蘭決意離開它們，尋找屬於自己的園地。

　　（4）選

　　整理者：「選」，選擇。《說文》：「選，遣也。……一曰選擇也。」〔註19〕

　　蘇建洲：「選」是否讀爲「遷」，可配合下句的「宅」，古書多有「遷宅」的說法。「選」依原字解似更好，古書的相宅、卜宅，相、卜都是選擇的意思。〔註20〕

　　黃傑：「選」疑讀爲「群」。選，古音在心紐、元部；群，古音群紐、文部。文、元相近，可以旁轉。典籍中亦多有「巽」聲（元部）字與文部字相通的例證，如：「巽」與「遜」；僎與遵，選與遵；僎與馴；選與毨；饌與餕（參看《古字通假會典》215頁）。只是二字聲紐一屬齒頭音（心紐），一屬喉音（群紐），相隔較遠。但齒頭音聲紐字與喉音聲紐字相通的例子也並非沒有。如心紐與疑紐——馬王堆帛書〈五十二病方〉用「薛」（心）爲「藥」（疑）。心紐與見紐——《書・立政》：「以覲文王之耿光。」《漢石經》耿作鮮。《尚書大傳》引同。鮮，心紐、元部。耿，見紐、耕部。心紐與溪紐——《荀子・勸學》：「鍥而舍之，朽木不折。」《大戴禮記・勸學》鍥作楔。楔，心紐。鍥，溪紐。群紐與見、溪、疑諸紐是很接近的，心紐既可與見、溪、疑諸紐字通用，則亦當可與群紐字通用。另外，心紐字與群紐字相通的例證還可參見黃焯先生《古今聲類通轉表》131、146頁。〔註21〕

　　蕭旭：選，讀爲賤。《書・堯典》：「汝能庸命巽朕位。」《史記・五帝本

〔註18〕　參見蕭旭先生在復旦吉大古文字專業研究生聯合讀書會〈上博八〈蘭賦〉校讀〉（復旦大學出土文獻與古文字研究中心網站，2011 年 7 月 17 日）一文下的評論，2011 年 8 月 8 日。

〔註19〕　馬承源主編：《上海博物館藏戰國楚竹書（八）》，上海古籍出版社 2011 年版，第 253 頁。

〔註20〕　參見蘇建洲先生在復旦吉大古文字專業研究生聯合讀書會〈上博八〈蘭賦〉校讀〉（復旦大學出土文獻與古文字研究中心網站，2011 年 7 月 17 日）一文下的評論，2011 年 7 月 19 日。

〔註21〕　參見黃傑先生在復旦吉大古文字專業研究生聯合讀書會〈上博八〈蘭賦〉校讀〉（復旦大學出土文獻與古文字研究中心網站，2011 年 7 月 17 日）一文下的評論，2011 年 7 月 19 日。

紀》「巽」作「踐」。是其相通之證。〔註22〕

　　陳按：整理者說可從。可參看新蔡簡甲 3・11、24：「□昔我先出自㴜逍
（追），宅茲浞（雎）、章（漳），台（以）選蓍（遷）尻（處）。」

（5）勿

　　整理者：「勿」，讀爲「物」。……物，《說文》謂：「萬物也。」《易・繫
辭上》：「方以類聚，物以群分。」這是泛指。此處「物」指物種、種類。
〔註23〕

　　陳按：整理者之說可疑，「物」當與「選」同義。《左傳》昭公三十二年：
「物土方。」杜注：「物，相也。」《周禮・地官・載師》：「掌任土之灋，以
物地事授地職，而待其政令。」鄭玄注云：「物，物色之。」下句「宅在幽中」，
事實上是蘭「決去選物」的結果，蘭最終選擇了「幽中」爲自己的棲居之地。
蘇建洲先生指出「選」依原字解似更好，古書的相宅、卜宅，相、卜都是選
擇的意思。其說是。「決去選物」，則有擬人化的意味了。因爲蘭草怕旱，而
天旱不雨，故選擇避居幽谷。

（6）宅

　　整理者：「宅」，即「宅」字繁構，從「宀」，從「㡯」，「㡯」即古文「宅」
字，見魏三體石經（《說文》古文從「广」）。宅，寄託之所。《說文》：「宅，
所託也。」《莊子・大宗伯》：「且彼有駭形而無損心，有旦宅而無情死。」訓
爲居住。《書・禹貢》：「桑上既蠶，是降丘宅土。」〔註24〕

（7）才

　　整理者：「才」，古文字用爲「在」，楚簡習見。在，居於，處於。〔註25〕

　　陳按：處所介詞。

（8）學宀

　　整理者：「孳」，讀爲「茲」，「孳」從「茲」得聲，可通。「茲」同「此」，

〔註22〕參見蕭旭先生在復旦吉大古文字專業研究生聯合讀書會〈上博八〈蘭賦〉校
　　　　讀〉（復旦大學出土文獻與古文字研究中心網站，2011 年 7 月 17 日）一文下
　　　　的評論，2011 年 8 月 8 日。
〔註23〕馬承源主編：《上海博物館藏戰國楚竹書（八）》，上海古籍出版社 2011 年版，
　　　　第 253 頁。
〔註24〕同上。
〔註25〕同上。

代詞。……《書・盤庚上》：「我王來，既爰宅于茲。」「宅于茲」與簡文「宅在茲中」用法相近。〔註26〕

復旦吉大古文字專業研究生聯合讀書會：「𡥈」改釋作「𡥈」。〔註27〕

蕭旭：幽中，指幽宮，或幽谷。《淮南子・說山篇》：「蘭生幽宮，不爲莫服而不芳。」宮，《御覽》卷九八三引同；一本作「谷」，《意林》卷二引作「谷」；《記纂淵海》卷六○引作「室」。《金樓子・立言下》：「蘭生空谷，不爲莫用而不芳。」即本《淮南》，是蕭氏所見本亦作「谷」。《荀子・宥坐》、《家語・在厄》作「深林」，《韓詩外傳》卷七作「茂林」，與此簡及《淮南》不同。〔註28〕

陳按：「𡥈」，整理者誤釋作「𡥈」，復旦吉大讀書會已作改釋。郭店簡《老子・丙》3「𡥈」寫作 ，郭店簡〈成之聞之〉34「𡥈」作 ，〈蘭賦〉該字寫作 ，並可參看。「𡥈」，楚簡常通作「幼」。此處讀「幽」，例見郭店簡〈窮達以時〉、上博簡〈鬼神之明〉等。「幽中」，相當於幽谷。

4. ……汗（旱）亓（其）不雨可（兮），湫（？）而不沽（涸）。

（1）句解

該句整理者作「……汗（旱）亓（其）不雨，可（何）淵而不沽（涸）」〔註29〕。筆者作「……汗（旱）亓（其）不雨可（兮），湫（？）而不沽（涸）」。整理者將「可」屬下讀，讀作「何」。筆者斷句作了調整，屬上讀「兮」。「湫（？）而不涸」，句式與〈李頌〉「敬而勿集」相同。全句謂天氣乾旱，蘭生長之處（幽麓）低濕，未見乾涸。

（2）可

整理者：「可」，讀爲「何」。……何，何處，哪裏。〔註30〕

〔註26〕同上，第253～254頁。

〔註27〕復旦吉大古文字專業研究生聯合讀書會：〈上博八〈蘭賦〉校讀〉，復旦大學出土文獻與古文字研究中心網站，2011年7月17日。

〔註28〕參見蕭旭先生在復旦吉大古文字專業研究生聯合讀書會〈上博八〈蘭賦〉校讀〉（復旦大學出土文獻與古文字研究中心網站，2011年7月17日）一文下的評論，2011年8月8日。

〔註29〕馬承源主編：《上海博物館藏戰國楚竹書（八）》，上海古籍出版社2011年版，第254頁。

〔註30〕同上，第254～255頁。

陳按：或當讀作「兮」。

（3）淵

整理者：「淵」，字形略有譌變。淵，深潭，深池。〔註31〕

復旦吉大古文字專業研究生聯合讀書會：此字尚不能確定是否確是淵字，茲姑從整理者釋。〔註32〕

蘇建洲：讀「湫」？若讀爲湫於詞義比較順暢，然於字形不甚契合。此字亦可能是「澗」字之譌，見於《上博三·周易》50，讀爲澗亦很順暢。〔註33〕

【蘭賦 02】的字形即「湫」，整理者釋「淵」不確。「湫」字在清華簡中凡五見，見於簡 8「⬛」、簡 9「⬛」、簡 13「⬛」、簡 14「⬛」、「⬛」（陳按：指〈楚居〉一篇）。也見於新蔡零 415 的「黍」字作「⬛」，新蔡甲 3.414＋412 亦有「⬛」，宋華強先生已疑其爲「黍」。至於《清華》的地名，李學勤先生在〈楚王徙居鄩郢的年代〉一文中隸作湫，並加注說：

> 「湫」字待考。按《左傳》莊公十九年記楚文王御巴而敗，遂伐黃，「還，及湫」，楊伯峻《春秋左傳注》云：「湫音剿。《清統一志》謂湫在湖北省鍾祥縣北，《春秋大事表》謂在湖北省宜城縣東南，其實一也。」不知是否與「湫」有關。

趙平安〈試釋〈楚居〉中的一組地名〉（《中國史研究》2011 年 1 期，77～78 頁）也釋爲「湫」。則本簡也可釋爲「湫」，是潭水的意思。簡文讀爲「汙（旱）其不雨，可（何）湫而不涸？」。〔註34〕

五經：此字亦可能「澗」字之譌，見於《上博三·周易》50。〔註35〕

〔註31〕同上，第 255 頁。

〔註32〕復旦吉大古文字專業研究生聯合讀書會：〈上博八〈蘭賦〉校讀〉註 1，復旦大學出土文獻與古文字研究中心網站，2011 年 7 月 17 日。

〔註33〕參見蘇建洲先生在復旦吉大古文字專業研究生聯合讀書會〈上博八〈蘭賦〉校讀〉（復旦大學出土文獻與古文字研究中心網站，2011 年 7 月 17 日）一文下的評論，2011 年 7 月 17 日。

〔註34〕參見蘇建洲先生在復旦吉大古文字專業研究生聯合讀書會〈上博八〈蘭賦〉校讀〉（復旦大學出土文獻與古文字研究中心網站，2011 年 7 月 17 日）一文下的評論，2011 年 7 月 18 日。

〔註35〕參見網友「五經」在復旦吉大古文字專業研究生聯合讀書會〈上博八〈蘭賦〉校讀〉（復旦大學出土文獻與古文字研究中心網站，2011 年 7 月 17 日）一文下的評論，2011 年 7 月 17 日。

何有祖：此字似可分析爲水禾水，即黍字。沽，疑讀作枯。《禮記‧月令》：「（孟夏之月）行冬令則草木蚤枯。」釋文作「汗（旱）其不雨，可（何）黍而不枯？」。〔註36〕

劉雲：傳抄古文中的「淵」字或作 𣲷、𣲲（參《傳抄古文字編》1102頁），或與簡2中的「淵」字是近親。〔註37〕

楊安：個人認爲「何黍不枯」較「何湫不涸」更好些，「湫」在字形上不好說通，清華簡這個字單老師所謂「湫郢」即「戚郢」我想還是有一定道理的：

> 楚簡中常見「戚郢」，而若依清華簡〈楚居〉整理者的釋文，「戚郢」在其中未嘗一見，似乎可疑。其實，〈楚居〉中是有「戚郢」的，但被整理者釋爲從水從禾從水的「湫」，「湫」字在清華簡中凡五見，見於簡8「⬛」、簡9「⬛」、簡13「⬛」、簡14「⬛」、「⬛」，從簡13和簡14第一字看，此字兩水所夾之字爲一上下構形的字，和禾通常的寫法有一些區別。整理者所釋的「湫」其實就是「黍」，新蔡零415的「黍」字作「⬛」，與之類似，但改爲水點居於上下而已。新蔡甲3.414+412亦有此字，作「湫」，宋華強先生已疑其爲「黍」。「黍」與「戚」古音可通，如「戚」與「叔」都從「未」得聲，「戚」，清紐覺部，「叔」書紐覺部；而「黍」，書紐魚部，魚、覺二部是有通假條件的，比如《詩‧邶風‧雄雉》「自詒伊阻」，「阻」，《左傳》宣公二年引作「慼」，「阻」，莊紐魚部（所從之「且」，清紐魚部），通清紐覺部的「慼」。故書紐魚部的「黍」與「戚」也可相通。（《佔畢隨錄之十三》）〔註38〕

〔註36〕 參見何有祖先生在復旦吉大古文字專業研究生聯合讀書會〈上博八〈蘭賦〉校讀〉（復旦大學出土文獻與古文字研究中心網站，2011年7月17日）一文下的評論，2011年7月18日。又見何有祖〈上博楚簡釋讀札記〉，武漢大學簡帛研究中心網站，2011年7月24日。

〔註37〕 參見劉雲先生在復旦吉大古文字專業研究生聯合讀書會〈上博八〈蘭賦〉校讀〉（復旦大學出土文獻與古文字研究中心網站，2011年7月17日）一文下的評論，2011年7月18日。

〔註38〕 參見單育辰先生在復旦大學出土文獻與古文字研究中心研究生讀書會〈清華簡〈楚居〉研讀札記〉（復旦大學出土文獻與古文字研究中心網站，2011年1月5日）一文下的評論。

還有就是「湫」《說文》訓「隘」顯然不是此處用意，那麼就是「南有龍兮在山湫」之「湫」訓「水潭」意，訓「潭」看起來很合適，但這有兩個問題：第一，這種訓釋出於唐代，時代過晚（當然鄙人才疏學淺不知道是否在更早就有類似的訓法）；第二，我個人感覺說「潭」因大旱乾涸總覺難安，「潭」《广雅》訓「淵」，「潭」「淵」多爲深山中的蓄水池，會因大旱而乾涸（不過要說是一種誇張的修辭倒還可以說通）。總上，我同意「何黍不枯」的讀法。〔註39〕

　　陳按：「湫」，簡文作 。整理者釋作「淵」，與楚簡所見「淵」字不類，與同輯〈顏淵問於孔子〉的「淵」亦不同。當如蘇建洲先生釋作「湫」，不過當非蘇先生所謂水潭義（此說於「而」不易說通）。「湫」指地勢地下，環境低濕。《左傳》昭公三年：「子之宅近市，湫隘囂塵。」杜注云：「湫，下。」《文選‧吳都賦》李善注引劉逵語：「湫，下也。」朱駿聲《說文通訓定聲‧孚部》：「湫，當訓下溼也。」古書說到蘭草生長之所，常說是「下濕地」。「湫而不涸」，當指蘭所生長的地方低濕而未曾乾涸。篇中蘭所生長的地方，是「幽中」和「幽麓」，「麓」指山腳，「幽中」相當於「幽谷」，所以說蘭生長的地方是低濕的。蘭草多居水澤畔，故有此說。

　　另有學者認爲「湫」實爲「黍」字，並懷疑清華簡〈楚居〉的「湫郢」是「戚郢」。關於〈楚居〉「湫郢」的相關討論，參見筆者所輯〈清華簡〈楚居〉集釋〉〔註40〕。「黍」字或增益「水」，與〈蘭賦〉所見字形近。不過「黍而不枯」於文義不易說通，該字此處最有可能用作形容詞。

　　（4）而

　　整理者：「而」，同「能」，「能夠」。〔註41〕

　　陳按：當作連詞解。

　　（5）沽

　　整理者：「沽」，讀爲「涸」。……涸，水枯竭。《說文》：「涸，渴也。」

〔註39〕參見楊安先生在復旦吉大古文字專業研究生聯合讀書會〈上博八〈蘭賦〉校讀〉（復旦大學出土文獻與古文字研究中心網站，2011 年 7 月 17 日）一文下的評論，2011 年 7 月 19 日。

〔註40〕陳民鎮：〈清華簡〈楚居〉集釋〉，復旦大學出土文獻與古文字研究中心網站，2011 年 9 月 23 日。

〔註41〕馬承源主編：《上海博物館藏戰國楚竹書（八）》，上海古籍出版社 2011 年版，第 255 頁。

〔註 42〕

何有祖：沽，疑讀作枯。〔註 43〕

陳按：整理者說可從。

5. 備墬（修）炅（庶）戒，方（逢）时（時）安（焉）乍（作）。

（1）句解

該句整理者作「備墬（修）庶戒，方（旁）时（時）安（焉）乍（作）」〔註 44〕，復旦吉大古文字專業研究生聯合讀書會作「備墬（修）庶戒，方时（時）安（焉）乍（作）」〔註 45〕。筆者作「備墬（修）炅（庶）戒，方（逢）时（時）安（焉）乍（作）」。該句謂蘭等待時機，蓄勢待發。

（2）備墬炅戒

整理者：「備」，準備，具備。……「墬」，從「土」「攸」聲，讀爲「修」。「修」從「攸」聲，可以相通。修，置備。……「庶」，副詞，表示希望和可能。……「戒」，準備，具備。……簡文「備」、「修」、「戒」皆義近。《詩·小雅·大田》：「大田多稼，既種既戒，既備乃事。」《詩·小雅·楚茨》：「禮儀既備，鐘鼓既戒。」皆「戒」、「備」互對，與簡文用法相似。〔註 46〕

蘇建洲：簡 2「備修庶戒」，整理者說「庶」是希望、可能的意思，如此較難理解。修、戒意思相近，整理者有說。則備理解爲完備，庶解釋爲眾多，多次，趩簋（4266）「訊小大有粦」，牧簋（04343）「訊庶有粦」。「小大」即「庶」，訓爲多，多種。參見朱鳳瀚先生文章（《第一屆古文字與古代史論

〔註 42〕同上。

〔註 43〕參見何有祖先生在復旦吉大古文字專業研究生聯合讀書會〈上博八〈蘭賦〉校讀〉（復旦大學出土文獻與古文字研究中心網站，2011 年 7 月 17 日）一文下的評論，2011 年 7 月 18 日。又見何有祖〈上博楚簡釋讀札記〉，武漢大學簡帛研究中心網站，2011 年 7 月 24 日。

〔註 44〕馬承源主編：《上海博物館藏戰國楚竹書（八）》，上海古籍出版社 2011 年版，第 254 頁。

〔註 45〕復旦吉大古文字專業研究生聯合讀書會：〈上博八〈蘭賦〉校讀〉，復旦大學出土文獻與古文字研究中心網站，2011 年 7 月 17 日。

〔註 46〕馬承源主編：《上海博物館藏戰國楚竹書（八）》，上海古籍出版社 2011 年版，第 255 頁。

文》頁 195）。則備、庶二者意思相去不遠。〔註 47〕

　　陳按：按「備」、「修」、「戒」義近，都有準備義，整理者的解釋極有見地。在此補充一條材料，上博簡〈從政・甲〉15 云：「不攸（修）不武〈戒〉。」陳劍等先生認爲「武」是「戒」之譌，果其如此，「修」與「戒」對舉，可與〈蘭賦〉的文字相參驗。整理者的釋讀與解說較爲直接，且可與下文的「逢時焉作」密切聯繫，故可信。需要補充的是，「備」可能與「庶」一樣，是副詞。《禮記・檀弓上》鄭玄注云：「備，猶盡也。」可以參看。「備修庶戒，逢時焉作」，如果主語是蘭的話，則有擬人化的傾向了。

　　（3）方旹

　　整理者：「方，讀爲「旁」。……旁，憑依。……「旹」，讀爲「時」。……「旹」、「時」二字皆從「寺」聲，故可相通。時，時機，機會。……「旁時」猶言「依時」。〔註 48〕

　　復旦吉大古文字專業研究生聯合讀書會：方，整理者讀爲旁，意爲依傍，可通。我們以爲此方字也可能讀爲逢，逢與封均從丰得聲，封與方可通，故方可讀爲逢。賈誼〈鵩鳥賦〉：「逢時不祥。」《漢書・列傳》引《語》曰：「雖有茲基，不如逢時。」〔註 49〕

　　陳按：「方旹」，復旦吉大讀書會讀作「逢時」，可從。〈琴操〉載孔子見幽蘭而「自傷不逢時」，可以參看。

　　（4）安

　　整理者：「安」，讀爲「焉」。……楚簡此種寫法的「安」字與從「宀」的「安」字相同，但字形有別，簡文多用作「焉」。焉，連詞，相當於「則」、「於是」。〔註 50〕

〔註 47〕　參見蘇建洲先生在復旦吉大古文字專業研究生聯合讀書會〈上博八〈蘭賦〉
　　　　　校讀〉（復旦大學出土文獻與古文字研究中心網站，2011 年 7 月 17 日）一文
　　　　　下的評論，2011 年 7 月 19 日。
〔註 48〕　馬承源主編：《上海博物館藏戰國楚竹書（八）》，上海古籍出版社 2011 年版，
　　　　　第 255 頁。
〔註 49〕　復旦吉大古文字專業研究生聯合讀書會：〈上博八〈蘭賦〉校讀〉註 2，復旦
　　　　　大學出土文獻與古文字研究中心網站，2011 年 7 月 17 日。
〔註 50〕　馬承源主編：《上海博物館藏戰國楚竹書（八）》，上海古籍出版社 2011 年版，
　　　　　第 256 頁。

（5）叏

整理者：「叏」，下從「又」，即「乍」字繁構，同「作」。……作，產生，興起。《說文》：「作，起也。」〔註51〕

6. 緩才（哉）萊（蘭）可（兮）！……攸（搖）苔（落）而猷（猶）不遊（失）氏（氒－厥）芳，芳涅（盈）訕（芯？）迡（迡－彌？）而達鬝（聞）于四方。

（1）句解

該句整理者作「緩才（哉）萊（蘭）可（兮），〔華〕攸（滌）苔（落）而猷不遊（失）氏（是）芳，涅（盈）訕迡（邇）而達鬝（聞）于四方」，整理者在「攸」之前補一「華」字，認爲「華」即「花」，整理者指出，這兩句意思是說，雖然蘭草花落盡仍不失其芬芳之香，近處滿遭詆毀卻能受到四方稱譽。此實爲作者借物喻己，即《史記·屈原賈生列傳》所謂：「其志絜，故其稱物芳。」與屈原〈離騷〉可互參。又，《楚辭·離騷》：「結幽蘭而延佇。」洪興祖《補注》：「劉次莊云：『蘭喻君子，言其處於深林幽澗之中，而芬芳郁烈之不可掩，故《楚辭》云云。』」劉說對理解簡文很有幫助〔註52〕。復旦吉大古文字專業研究生聯合讀書會作「緩才（哉）萊（蘭）可（兮），〔華〕攸（搖）苔（落）而猷不遊（失）氒（厥）芳，涅（馨）訕（謐）迡而達鬝（聞）于四方」〔註53〕，讀書會也在「攸」字之前補一「華」字，認爲「攸上一字闕，原整理者補華字，可通」〔註54〕。高佑仁先生認爲，「華」字是原考釋者據文義而補，讀書會承繼這個說法，學者或將補字符號刪掉，視爲正文，恐不妥當。原考釋者之所以會補「華」字，很明顯是依據後文「涅（盈）訕迡（邇）」三字，而前文只有「攸（滌）苔（落）」二字，因此在前面補「華」字以湊三字之數，「芳」字下有重文符，文例當作「芳涅訕迡」，乃四字而非三字，可見原整理的補字也是有問題的〔註55〕。

〔註51〕同上。

〔註52〕同上，第254、258頁。

〔註53〕復旦吉大古文字專業研究生聯合讀書會：〈上博八〈蘭賦〉校讀〉，復旦大學出土文獻與古文字研究中心網站，2011年7月17日。

〔註54〕復旦吉大古文字專業研究生聯合讀書會：〈上博八〈蘭賦〉校讀〉註3，復旦大學出土文獻與古文字研究中心網站，2011年7月17日。

〔註55〕高佑仁：〈上博八〈蘭賦〉二題〉，武漢大學簡帛研究中心網站，2011年9月5日。

筆者作「緩才（哉）萊（蘭）可（兮）！……攸（搖）莕（落）而猷（猶）不遊（失）氏（辱—厥）芳，芳涅（盈）詎（苬？）迉（迉—彌？）而達嗣（聞）于四方」。「兮」與「搖落」之間，整理者補「華」字，茲從高佑仁先生說，當闕兩字。至於該補何字，囿於材料，暫略。另據高佑仁先生說，「芳」下有重文號。全句謂蘭花舒緩雍容，在凋零之後仍不失去它的芳香，芬芳充盈，廣佈四方。《楚辭·九章·思美人》云：「芳與澤其雜糅兮，羌芳華自中出。紛郁郁其遠承（或作「烝」）兮，滿內而外揚。」詩義如出一轍。詳見下文討論。

（2）緩

整理者：「緩」，《說文》以爲「緂」字省體（實爲或體），訓爲「緮」（即「綽」字），義爲舒緩，和緩。〔註56〕

單育辰：其中的「緩」應讀爲「遠」，「緩」、「遠」皆匣紐元部，從袁與從爰之字在典籍中亦常相通。簡文中「遠」指蘭香氣所傳達之遠。〔註57〕

曹方向：緩字整理者注釋爲舒緩、和緩。但是下兩句如上所釋，均讚揚蘭花即使凋殘之後還有香味，而且芬芳四溢。這很難與「舒緩、和緩」相聯繫。單育辰先生讀爲「遠」，指香氣傳達之遠。但「遠哉蘭兮」，「遠」和「蘭」關係不明晰，且「芳盈密邇而達于四方」，並無單獨強調香氣遠揚之意。疑「緩」讀爲「選」。緩、選均元部字，「緩」從「爰」聲，從爰聲的「鍰」字，古書與「選」、「鐉」皆有通假例證。故緩也可以讀爲「選」。《詩經·齊風·猗嗟》「舞則選兮」，鄭玄箋：「選者，謂於倫等最上。」朱熹注：「選，異於眾也。」即今言「出眾」。下文簡4「信蘭其蔑也」，當依單育辰先生讀爲「信蘭其邁也」，「邁」字也有超然之意思，與「選哉蘭兮」，前後照應，文氣一貫。〔註58〕

陳按：此處的「緩」義爲舒緩雍容，合乎蘭草的氣質。姜亮夫先生《楚

〔註56〕馬承源主編：《上海博物館藏戰國楚竹書（八）》，上海古籍出版社2011年版，第256頁。另參見單育辰先生在復旦吉大古文字專業研究生聯合讀書會〈上博八〈蘭賦〉校讀〉（復旦大學出土文獻與古文字研究中心網站，2011年7月17日）一文下的評論，2011年7月17日。

〔註57〕單育辰：〈佔畢隨錄之十五〉，復旦大學出土文獻與古文字研究中心網站，2011年7月22日。

〔註58〕曹方向：〈讀上博楚簡第八冊瑣記〉，武漢大學簡帛研究中心網站，2011年8月22日。

辭通故》:「寬綽謂之緩,和易亦寬綽爾。」〔註59〕《說文》以「緩」、「繛」互訓。《爾雅・釋訓》云:「綽綽、爰爰,緩也。」可資參證。《玉篇・糸部》:「綽,寬也,緩也。」《詩經・衛風・淇奧》:「寬兮綽兮,倚重較兮。」毛傳云:「綽,緩也。」《楚辭・大招》:「滂心綽態,姣麗施只。」曹植〈洛神賦〉:「柔情綽態,媚於語言。」均可參看。

另「緩」或可通「煥」。「爰」、「奐」是通用聲素〔註60〕,楚簡亦有用例〔註61〕。「煥」形容鮮明,揚雄〈劇秦美新〉:「郁郁乎煥哉!」曹丕〈月重輪行〉:「煥哉何煌煌,悠悠與天地久長。」錄之備考。

（3）萊

整理者:「萊」,即「蘭」字異構。「蘭」從「闌」聲,而「闌」從「柬」得聲,故可省。……《說文》:「蘭,香草也。」古書稱「蘭」多指蘭草、澤蘭,屬菊科,多年生草木,有香氣,秋末開花,與今蘭（即春蘭）不是同一種植物。……按《楚辭》「蘭」字凡三十二見,又多與蕙、芷、椒等芳草連文,其為芳草無疑（參看姜亮夫《楚辭通故》）。簡文之「蘭」亦指芳草。〔註62〕

陳按:整理者說可從,詳見下編討論。

（4）攸茖

整理者:「攸」,讀為「滌」,「滌」從「條」聲,可通。《說文》:「滌,洒也。」由「洗滌」義引申為淨、除。……「茖」,《說文》謂「艸也」,不符本文義,字當讀為「落」。……落,脫落。《說文》:「落,凡艸曰零,木曰落。」……「華滌落」猶言「花落淨」。〔註63〕

復旦吉大古文字專業研究生聯合讀書會:攸整理者讀為滌,我們以為當讀為搖。「搖落」古有其例,宋玉〈九辯〉:「悲哉秋之為氣也,蕭瑟兮草木搖

〔註59〕姜亮夫:《楚辭通故》第4輯,《姜亮夫全集（四）》,雲南人民出版社2002年版,第51頁。

〔註60〕張儒、劉毓慶:《漢字通用聲素研究》,山西古籍出版社2002年版,第743頁。2014年6月1日,陳偉武先生在武漢大學簡帛研究中心作題為「楚簡秦簡字詞考釋拾遺」的報告,指出「緩」疑讀為「奐」,指蘭草有文采。

〔註61〕白於藍編著:《戰國秦漢簡帛古書通假字彙纂》,福建人民出版社2012年版,第818頁。

〔註62〕馬承源主編:《上海博物館藏戰國楚竹書（八）》,上海古籍出版社2011年版,第256頁。

〔註63〕同上,第257頁。

落而變衰。」〔註64〕

鄔可晶：「攸落」似可迻讀爲「凋落」。〔註65〕

你再不同意我就要打人了：《楚辭》既然有「草木搖落」之語。還是讀「搖落」的好。古書悠與遙通，故攸能通搖。〔註66〕

曹方向：搖落，整理者讀爲「滌落」，並在此二字上補一「華」字，謂「華滌落」即「花落盡」。整理者據文意補「華」字，復旦吉大讀書會認爲可從。按：搖落，鄔可晶先生（第4樓帖）讀爲「凋落」。我們（第26樓帖）認爲《楚辭》既然有「草木搖落」，則仍以讀爲「搖落」爲好。又，古書不云蘭之華「搖落」，補「華」字很難說有什麼「文意」可據。初唐楊炯所撰〈幽蘭賦〉：「悲秋風之一敗，與蒿草而爲芻。」和《楚辭》中的「草木搖落」意思相通。既云爲芻槁，顯然不是指蘭之華，而是指整株蘭而言。〔註67〕

陳按：「攸荅」，復旦吉大讀書會讀作「搖落」，可從。宋玉〈九辯〉云：「悲哉秋之爲氣也，蕭瑟兮草木搖落而變衰。」王逸注云：「華葉隕零肥潤去也。」姜亮夫先生《楚辭通故》指出：「搖落言草木搖動而華葉隕落也。」〔註68〕或謂「搖落」之「搖」，乃「凋」聲轉〔註69〕，可與鄔可晶先生說相參證。

（5）而

整理者：「而」，連詞。相當於「卻」、「然而」。〔註70〕

〔註64〕 復旦吉大古文字專業研究生聯合讀書會：〈上博八〈蘭賦〉校讀〉註3，復旦大學出土文獻與古文字研究中心網站，2011年7月17日。

〔註65〕 參見鄔可晶先生在復旦吉大古文字專業研究生聯合讀書會〈上博八〈蘭賦〉校讀〉（復旦大學出土文獻與古文字研究中心網站，2011年7月17日）一文下的評論，2011年7月17日。

〔註66〕 參見網友「你再不同意我就要打人了」在復旦吉大古文字專業研究生聯合讀書會〈上博八〈蘭賦〉校讀〉（復旦大學出土文獻與古文字研究中心網站，2011年7月17日）一文下的評論，2011年7月20日。

〔註67〕 曹方向：〈上博八〈蘭賦〉「芳馨飲辭」試解〉，武漢大學簡帛研究中心網站，2011年7月26日。

〔註68〕 姜亮夫：《楚辭通故》第4輯，《姜亮夫全集（四）》，雲南人民出版社2002年版，第603頁。

〔註69〕 劉永濟：《屈賦釋詞》，《屈賦音注詳解·屈賦釋詞》，中華書局2007年版，第375頁。

〔註70〕 馬承源主編：《上海博物館藏戰國楚竹書（八）》，上海古籍出版社2011年版，第257頁。

（6）猷

整理者：「猷」，同「猶」，副詞，相當於「仍」、「仍然」。〔註71〕

（7）氏

整理者：「氏」，讀爲「是」。……是，指示代詞。〔註72〕

復旦吉大古文字專業研究生聯合讀書會：此字當是厇字，釋爲氏不確。

〔註73〕

陳按：當隸作「氏」，讀作「厇（厥）」，訓「其」。

（8）芳

整理者：芳，《說文》謂：「香草也。」引申爲香、香氣。《楚辭‧九章‧悲回風》：「故荼薺而不同畝兮，蘭茝幽而獨芳。」「不遊是芳」，不失去其芬芳之香。〔註74〕

高佑仁：「芳」下有重文符，此句應釋作：而猷不失厥芳＝（芳，芳）馨謐泹而達聞于四方。〔註75〕

何有祖：佑仁兄此說頗有道理，不過還是有點小疑問，即芳下面的重文符號，墨跡其實很淡，而且二筆相隔略遠。此外如果不看作重文符號，其實可以考慮「馨」屬上讀，即

　　　　　而猷不失厥芳馨，謐泹而達聞于四方。……

《荀子‧宥坐》作「且夫芷蘭生於深林，非以無人而不芳」，《韓詩外傳》卷七作「夫蘭茝生於茂林之中，深山之間，不爲人莫見之故不芳」。類似表述也見於郭店〈窮達以時〉，與本篇表述相似。〔註76〕

高佑仁：攸（搖）著（落）而猷不遊（失）厇（厥）芳，芳涅（馨）訨（謐）

〔註71〕同上。

〔註72〕同上。

〔註73〕復旦吉大古文字專業研究生聯合讀書會：〈上博八〈蘭賦〉校讀〉註4，復旦大學出土文獻與古文字研究中心網站，2011年7月17日。

〔註74〕馬承源主編：《上海博物館藏戰國楚竹書（八）》，上海古籍出版社2011年版，第257頁。

〔註75〕參見高佑仁先生在復旦吉大古文字專業研究生聯合讀書會〈上博八〈蘭賦〉校讀〉（復旦大學出土文獻與古文字研究中心網站，2011年7月17日）一文下的評論，2011年7月18日。

〔註76〕參見何有祖先生在復旦吉大古文字專業研究生聯合讀書會〈上博八〈蘭賦〉校讀〉（復旦大學出土文獻與古文字研究中心網站，2011年7月17日）一文下的評論，2011年7月19日。

迡而達馞（聞）于四方。

1. 這段話押陽部韻，「馨」上提則不諧韻矣。

2. 請留意「芳」字右側脫落，右半「屮」的右邊還能依稀看到殘筆，可見重符文不會只是目前看到的這麼短。

3. 《上海博物藏戰國楚竹書文字編一～五》後面收有合文重文的字形，較「芳＝」兩橫筆距離更長的，似乎比比皆是。（逸詩・多薪 1）〔註77〕

先談「芳」字，原篆作：

其實右下角有重文符，十分清楚，原考釋者與讀書會都未留意，「芳」作為首句之末字，又為第二句之首字，即「不失厥芳＝（芳，芳）涅訛迡」，筆者將此意見發表於跟帖後，鄭公渡先生（陳按：即何有祖先生）表示：……其說法主要是否定「芳」字下有重文符，因為符號淺且兩筆相隔略遠，並將「涅（馨）」字上讀。先談「涅」字上讀的問題，〈蘭賦〉此段明顯是押陽聲韻，「芳」、「方」是韻腳，「馨」字上提就無法諧韻。再談對「＝」符的懷疑，觀看「芳」字原篆可發現其右側脫落（該段從「失」到「訛」字都有脫落現象），「艸」旁右側還能依稀看到殘筆，可見重文符不會只是目前看到的這麼短。至於兩筆相隔略遠的問題，《上海博物藏戰國楚竹書文字編一～五》一書收有合文、重文符號字表，只要檢索便會發現，較「芳＝」兩橫筆距離更長的，所見不少：

從政甲 3	逸詩・多薪 1	逸詩・多薪 1	三德 3	季庚子問於孔子 8

〔註78〕

陳按：高佑仁先生說可從。「……搖落而猶不失厥芳」指蘭的花朵凋落，仍不失去其芬芳。蘭草之香，除了其花，更在其葉。將蘭草的葉子揉碎，自有其香，故古人將蘭草佩於身上，即屈原所謂「紉秋蘭以為佩」。蘭之芬芳不獨在花，故有此說。

〔註77〕參見高佑仁先生在復旦吉大古文字專業研究生聯合讀書會〈上博八〈蘭賦〉校讀〉（復旦大學出土文獻與古文字研究中心網站，2011 年 7 月 17 日）一文下的評論，2011 年 7 月 19 日。

〔註78〕高佑仁：〈上博八〈蘭賦〉二題〉，武漢大學簡帛研究中心網站，2011 年 9 月 5 日。

（9）湼

整理者：「湼」，讀爲「盈」。……《說文》：「盈，滿器也。」「滿，盈溢也。」「盈」、「滿」互訓，此處「盈」字以「充盈」義引申爲「全部」、「整個」的意思。〔註79〕

復旦吉大古文字專業研究生聯合讀書會：馮勝君先生認爲此字可讀爲芳馨之馨，其意見正确，簡文意爲其香雖靜謐然而卻能聞達于四方。湼從壬得聲，獄簋銘文中讀爲「馨」之 字便是從壬得聲，可以爲證。詳參吳振武先生〈試釋西周獄簋銘文中的「馨」字〉（《文物》2006 年第 11 期）。〔註80〕

單育辰：簡 2 的「湼」似有讀爲「香」的可能。〔註81〕

孟蓬生：（讀作「莖」）「莖」與上句「華」相對。〔註82〕

袁瑩：「湼」，我們同意讀書會的意見，將其讀爲「馨」，表示香氣。〔註83〕

陳按：「湼」，整理者讀作「盈」，復旦吉大讀書會改讀作「馨」。按讀作「馨」文義暢通，《楚辭》中也有「芳馨」的用例。不過「湼」與「盈」通用在楚簡及傳世文獻中習見，「壬」與「盈」是通用聲素〔註84〕，從用字習慣看，此處仍應讀作「盈」。

（10）訛

整理者：「訛」，字同「訾」，詆毀，誹謗。《說文》：「訾，不思稱意也。

〔註79〕 馬承源主編：《上海博物館藏戰國楚竹書（八）》，上海古籍出版社 2011 年版，第 257 頁。

〔註80〕 復旦吉大古文字專業研究生聯合讀書會：〈上博八〈蘭賦〉校讀〉註 5，復旦大學出土文獻與古文字研究中心網站，2011 年 7 月 17 日。

〔註81〕 參見單育辰先生在復旦吉大古文字專業研究生聯合讀書會〈上博八〈蘭賦〉校讀〉（復旦大學出土文獻與古文字研究中心網站，2011 年 7 月 17 日）一文下的評論，2011 年 7 月 17 日。

〔註82〕 參見孟蓬生先生在復旦吉大古文字專業研究生聯合讀書會〈上博八〈蘭賦〉校讀〉（復旦大學出土文獻與古文字研究中心網站，2011 年 7 月 17 日）一文下的評論，2011 年 7 月 19 日。

〔註83〕 參見袁瑩先生在復旦吉大古文字專業研究生聯合讀書會〈上博八〈蘭賦〉校讀〉（復旦大學出土文獻與古文字研究中心網站，2011 年 7 月 17 日）一文下的評論，2011 年 7 月 22 日。

〔註84〕 張儒、劉毓慶：《漢字通用聲素研究》，山西古籍出版社 2002 年版，第 548 頁。

從言，此聲。」〔註85〕

復旦吉大古文字專業研究生聯合讀書會：迆上一字當爲從言從北之字，隸定作訛，楚簡中北字多見，均讀爲必，此字疑爲謐字異體。《爾雅》：「謐，靜也。」〔註86〕

侯乃峰：訛右部還可以讀爲「匹」，懷疑此句當讀爲：盈匹迆而達聞于四方。〔註87〕

袁瑩：循著網友「小狐」（陳按：即侯乃峰先生）的思路，我們認爲「訛」可能讀爲「馥」。讀書會已經指出「楚簡中北字多見，均讀爲必」，「馥」與「必」聲字「苾」古書中有通用的例子。《詩‧小雅‧楚茨》：「苾芬孝祀。」《一切經音義》卷十四引《韓詩》作「馥」，《文選‧蘇武〈古詩〉》李善注引《韓詩》亦作「馥」。「馥」有香氣濃郁、香氣散發的意思，這兩個意思有比較密切的關係。《玉篇‧香部》：「馥，香盛。」〈冀州從事張表碑〉：「遂播芳譽，有馥其馨。」《文選‧左思〈蜀都賦〉》：「百藥灌叢，寒卉冬馥。」南朝宋‧謝靈運〈入彭蠡湖口〉：「浥露馥芳蓀。」……將「訛」讀爲「馥」，可以作「馨」的謂語，與下文的「達聞」相對。佑仁先生認爲「而猷不遴（失）乒（厥）芳」的「芳」下有重文符號，如此說成立，則此句可釋讀爲「芳馨訛（馥）迆而達聞于四方」。「芳馨」連用表示香氣。整句話的意思是，香氣在近處散發並飄散到四方。〔註88〕

陳按：「訛」，復旦吉大讀書會改釋，然讀作「謐」可疑。按「謐」訓「靜」，簡文所敘乃蘭之芬芳，恐非。「訛」或可讀作「苾」。《說文》云：「苾，馨香也。」《詩經‧小雅‧信南山》云：「是烝是享，苾苾芬芬。」《大戴禮記‧曾子疾病》云：「與君子遊，苾乎如入蘭芷之室。」《荀子‧禮論》：「椒蘭芬苾，所以養鼻也。」上述兩例均涉及蘭。《詩經‧周頌‧載芟》云：「有飶其香。」《釋文》云：「飶字又作苾。」《詩經‧小雅‧楚茨》云：「苾芬孝

〔註85〕馬承源主編：《上海博物館藏戰國楚竹書（八）》，上海古籍出版社 2011 年版，第 257 頁。

〔註86〕復旦吉大古文字專業研究生聯合讀書會：〈上博八〈蘭賦〉校讀〉註6，復旦大學出土文獻與古文字研究中心網站，2011 年 7 月 17 日。

〔註87〕參見侯乃峰先生在復旦吉大古文字專業研究生聯合讀書會〈上博八〈蘭賦〉校讀〉（復旦大學出土文獻與古文字研究中心網站，2011 年 7 月 17 日）一文下的評論，2011 年 7 月 17 日。

〔註88〕參見袁瑩先生在復旦吉大古文字專業研究生聯合讀書會〈上博八〈蘭賦〉校讀〉（復旦大學出土文獻與古文字研究中心網站，2011 年 7 月 17 日）一文下的評論，2011 年 7 月 22 日。

祀。」「茇」又與「馥」通，《漢字通用聲素研究》以爲「必」、「复」是通用聲素〔註89〕，〈楚茨〉的文句或引作「馥」。袁瑩先生讀作「馥」，然筆者目力所及，「馥」不見先秦典籍，當以「茇」爲宜。

（11）迡

整理者：「迡」，讀爲「邇」。……「邇」，距離（或時間）近。《說文》：「邇，近也。」〔註90〕

復旦吉大古文字專業研究生聯合讀書會：迡，疑讀爲寗，《左傳》僖公七年「盟于甯母」，杜預注：「高平方與縣東有泥母亭，音如甯。」《後漢書·郡國志》泥母作甯母，甯、寗可通，《大雅·文王有聲》「遹求厥寗」，《說文·欠部》引作「甯」。則迡可讀爲寗。寗、靜意同。〔註91〕

陳按：「迡」字筆者重作隸定，該字見諸上博簡〈民之父母〉8、〈從政·甲〉13 等，字形從「匸」，相關字與「尼」有關。「尼」與「爾」相通，整理者已經指出許多傳世文獻的例子，此外，〈從政·甲〉13 所見字可讀作「邇」。〈蘭賦〉的「迡」字是否讀作「邇」，還可商榷。有學者將「訛迡」讀作「密邇」，袁瑩先生已有駁正。筆者以爲此處「迡」或讀作「彌」。「彌」有滿、廣、大、久等義，與「盈」義近，形容「茇」。《楚辭·大招》：「莖蘭桂樹，鬱彌路只。」可以參看。

（12）訛迡

何有祖：而歊不失厥芳馨，謐迡而達聞于四方。

下句似說「芳馨」安靜隱匿卻達聞於四方。謐迡，似相當於漢代的「閟匿」，《漢書·盧綰傳》：「上使使召綰，綰稱病。又使辟陽侯審食其、御史大夫趙堯往迎綰，因驗問其左右。綰愈恐，閟匿。」顏師古注：「閟，閉也，閉其蹤蹟，藏匿其人也。」〔註92〕

孟蓬生：「涅（馨）訛（謐）迡而達翻（聞）于四方」疑讀爲「莖訛迡（睥

〔註89〕張儒、劉毓慶：《漢字通用聲素研究》，山西古籍出版社 2002 年版，第 806 頁。

〔註90〕馬承源主編：《上海博物館藏戰國楚竹書（八）》，上海古籍出版社 2011 年版，第 258 頁。

〔註91〕復旦吉大古文字專業研究生聯合讀書會：〈上博八〈蘭賦〉校讀〉註6，復旦大學出土文獻與古文字研究中心網站，2011 年 7 月 17 日。

〔註92〕參見何有祖先生在復旦吉大古文字專業研究生聯合讀書會〈上博八〈蘭賦〉校讀〉（復旦大學出土文獻與古文字研究中心網站，2011 年 7 月 17 日）一文下的評論，2011 年 7 月 19 日。

眄、俾倪）而達聞于四方」。「莖」與上句「華」相對，訛迡（睥睨、俾倪）為聯綿詞，與上句之「搖落」相對，指莖葉傾側披靡之狀（「搖落」、「俾倪」或為風雨等摧殘之後果）。上句後半段言其芳香之猶存，此句後半段言聲聞之遠播。〔註93〕

　　你再不同意我就要打人了：如果指近處的話，這兩個字有沒有可能讀作「密邇」？〔註94〕

　　袁瑩：讀書會認為「訛迡」連讀，表示寧靜的意思，我們認為用寧靜、靜謐來形容香氣並不十分恰當。網友「小狐」將「訛」讀為「匹」，認為「上句簡文說及其『乓（厥）芳【＝香氣】』，下句接著說：其香氣充盈於近處（匹、迡皆指其近處）而又飄散到四方～」。我們認為這個意見的思路很好，但是「匹」似乎沒有表示近處的用例。網友「你再不同意我就要打人了」認為「訛迡」有可能讀作「密邇」。文獻中有「密邇」一詞，如《書・畢命》「密邇王室」，但是其表示靠近，是動詞，並不能表示近處。〔註95〕

　　你再不同意我就要打人了：讀「密邇」雖然不一定對（我本身也不是很相信這個讀法，古書說香氣充盈近處，好像沒有用這個詞的），但是古書中的「密邇」不一定是動詞吧。若說「不能表示近處」，查《後漢書》「求之密邇」，似乎便可表示近處。況且還存在詞語活用的餘地。

　　當然這問題還要再思考，因為句讀及「涅」的讀法也不是確鑿無疑的。芳馨的讀法雖然有根據，可是樓上有先生主張讀為「盈」，我感覺從「呈」聲的字讀「盈」，實在更符合楚簡文字的用字習慣啊。〔註96〕

　　曹方向：「訛迡」二字似可讀為「馝馞」。古書又作「馝勃」、「咇茀」、「苾勃」等，皆指香氣濃郁。楚文字用作「必」的字，常寫作「朮」。所以，訛讀

〔註93〕　參見孟蓬生先生在復旦吉大古文字專業研究生聯合讀書會〈上博八〈蘭賦〉校讀〉（復旦大學出土文獻與古文字研究中心網站，2011 年 7 月 17 日）一文下的評論，2011 年 7 月 19 日。

〔註94〕　參見網友「你再不同意我就要打人了」在復旦吉大古文字專業研究生聯合讀書會〈上博八〈蘭賦〉校讀〉（復旦大學出土文獻與古文字研究中心網站，2011 年 7 月 17 日）一文下的評論，2011 年 7 月 19 日。

〔註95〕　參見袁瑩先生在復旦吉大古文字專業研究生聯合讀書會〈上博八〈蘭賦〉校讀〉（復旦大學出土文獻與古文字研究中心網站，2011 年 7 月 17 日）一文下的評論，2011 年 7 月 22 日。

〔註96〕　參見網友「你再不同意我就要打人了」在復旦吉大古文字專業研究生聯合讀書會〈上博八〈蘭賦〉校讀〉（復旦大學出土文獻與古文字研究中心網站，2011 年 7 月 17 日）一文下的評論，2011 年 7 月 22 日。

爲「佖」、「毖」等字是沒有問題的。古籍爾（從爾聲）、尼（從尼聲）字常相通假。上博楚簡用字，亦有成例。郭璞《爾雅注》云：「彌離」即「茉離」。彌與茉通，迡與茉也存在通假的可能。茉字屬術部，迡屬脂部。術部與脂部去聲質部關係密切。江有誥指出，在《楚辭》中，術、質合用有七例，分用五例；在《詩經》中，術、質部都與祭部去入合用，故他主張術、質不分部。茉字屬並母，是濁塞音，迡是濁鼻音，但從尼聲的字也有讀塞音的。例如上博《周易》「柅」通「梯」，梯屬透母，是一個清塞音；古書「眤」通「睇」，睇屬定母，是一個濁塞音。所以茉、迡二字存在通假可能。〔註97〕

施謝捷：芳涅訛迡而達餌于四方。或許可以讀爲：芳涅（盈）謐（溢）迡（墀）而達聞于四方。〔註98〕

陳按：或讀作「芯彌」。

（13）芳涅訛迡

曹方向：芳字下有重文符號，此是高佑仁先生（第13樓帖）在論壇中提出來的意見，可從。單育辰先生文也有相同看法。

涅，整理者讀爲「盈」，可惜整理者誤釋「涅」下二字。復旦吉大讀書會引馮勝君先生說，認爲此字讀爲馨香之「馨」。雖然從通假上沒有問題，但所引通假例證乃是金文，楚簡中此字實際經常用作「盈」，整理者的意見是比較可信的。這一點，復旦吉大讀書會的文章發表後，論壇討論中網友「小狐」及筆者都贊同整理者意見，單育辰先生也提出了相同的看法。此字下二字，整理者誤釋，復旦吉大讀書會改釋爲「訛迡」是對的，但讀爲「謐寧」，似無辭例可循。在論壇討論中，提出了以下看法：網友「小狐」（第2樓帖）讀爲「匹迡」，指近處；網友「鄭公渡」（第17樓帖）讀爲「閟匿」，意思是「安靜隱匿」；孟蓬生先生（第19樓帖）讀爲「睥睨」、「俾倪」，又將「涅」讀爲「莖」，「莖睥睨」爲莖葉傾側披靡之狀；我們（第23樓帖）循「小狐」之思路讀爲「密邇」，指香氣充盈近處；袁瑩先生（第27樓帖）讀「訛」爲馥郁之「馥」，又讀「涅」爲「馨」，謂「芳馨馥迡」爲「香氣在近處散發」的意思；網友「llaogui」（第30樓帖）讀爲「溢墀」，無說。另外，單育辰先生也

〔註97〕曹方向：〈讀上博楚簡第八冊瑣記〉，武漢大學簡帛研究中心網站，2011年8月22日。

〔註98〕參見施謝捷先生在復旦吉大古文字專業研究生聯合讀書會〈上博八〈蘭賦〉校讀〉（復旦大學出土文獻與古文字研究中心網站，2011年7月17日）一文下的評論，2011年7月23日。

認爲應讀爲「密邇」，無說。我們的意見和單先生一致。訛泥讀爲密邇，指近處。文例如《後漢書・朱浮傳》：「求之密邇，容或未盡，而四方之學，無所勸樂。」「密邇」泛指近處。從高佑仁先生說，「芳」字下重文符號，兩「芳」字分屬兩句，「淫」從整理者意見讀爲「盈」，「訛泥」以讀爲「密邇」爲好。此說的難處在於，古書似未見說香氣充盈近處這樣的說法。單育辰先生也沒有提供書證，我們也沒有找到這樣的證據。倒是袁瑩先生之說，相對比較合理。因爲古今都常常說香氣濃郁。循此思路，我們提出另外的釋讀。

「訛泥」二字似可讀爲「馣馤」。……「芳馨馣馤」，謂香氣濃郁。司馬相如〈上林賦〉：「揜以綠蕙，被以江蘺。糅以靡蕪，雜以留夷。布結縷、欑戾沙。揭車衡蘭，藁本射干。茈薑蘘荷，葴持若蓀，鮮支黃礫，蔣芧青薠，布濩閎澤，延曼太原，離靡廣衍，應風披靡，吐芳揚烈，郁郁菲菲，眾香發越。肸蠁布寫，晻薆咇茀。」李善《文選注》：「肸蠁，布也；馣馤，咇茀音義同。《說文》曰，馣馤，香氣奄藹也。馣與晻，馤與薆音義同。」顏師古《漢書・司馬相如傳》注：「肸蠁，盛作也；寫，吐也；晻薆咇茀，皆芳香意也。」司馬相如這一段賦文，提到「綠蕙」和「蘭」等香花香草，又說其濃郁的香氣飄揚到遠處。應該說，和簡文「芳馨馣馤而達聞于四方」，意思是比較一致的。〔註99〕

　　簡2「緩哉蘭兮！花（？）搖落而猶不失厥芳〓盈訛泥而達聞于四方。」本句「花」字以下的釋讀意見頗多，我們也有所討論，對於「芳盈訛泥」，提出了兩種思路：一種是讀爲「芳盈密邇」；一種是讀爲「芳馨馣馤」。前說較平實，但當時未得書證。後見整理者在〈李頌〉篇所引《楚辭・九歌・思美人》：「芳與澤其雜糅兮，羌芳華自中出。紛郁郁其遠承兮，滿內而外揚。」文意和簡文「芳盈密邇而達聞于四方」（芬芳充盈近處並飄揚到遠處）意思大體一致。現在看來，「花」字下的句子當讀爲「花搖落而猶不失厥芳，芳盈密邇而達聞于四方」。主旨在讚美蘭花的芬芳。〔註100〕

　　陳按：「芳盈苾彌」，承上句「芳」而發。「芳」、「苾」對舉，「盈」、「彌」亦對舉。正因爲蘭花芬芳充盈，故下文曰「達聞于四方」，即向周圍擴散。《楚辭・九章・思美人》云：「芳與澤其雜糅兮，羌芳華自中出。紛郁郁其遠承兮，

〔註99〕曹方向：〈上博八〈蘭賦〉「芳馨馣馤」試解〉，武漢大學簡帛研究中心網站，2011年7月26日。

〔註100〕曹方向：〈讀上博楚簡第八冊瑣記〉，武漢大學簡帛研究中心網站，2011年8月22日。

滿內而外揚。」文義恰好一致。有學者此句向幽靜、近處等方面考慮，均不如上述理解順暢。

（14）達聭

整理者：「達」，顯貴，顯達。……「聭」，從「耳」，「昏」聲，即「聞」字（《說文》以爲是「聞」字古文）。聞，聲譽，名聲。……「達聞」，顯達有聲譽。……後世因稱顯達有名望或受稱譽爲「聞達」，如諸葛亮〈前出師表〉：「苟全性命於亂世，不求聞達於諸侯。」顯然是由「達聞」一詞轉換而來。〔註101〕

陳按：「達」與「聞」關係密切，《論語·顏淵》將「達」與「聞」對舉，《淮南子·主術訓》高誘注以「達」訓「聞」。「聞」，此處當作傳佈解。《詩經·小雅·鶴鳴》曰：「鶴鳴于九皋，聲聞于野。」毛傳云：「言身隱而名著也。」與〈蘭賦〉此句正可參看。「達聞」，同義連用，猶言廣佈，謂蘭花之芬芳廣佈於四方。《爾雅翼·釋蘭》：「花甚芬香……微風過之，其香靄然達於外。」可以參看。

（15）四方

整理者：東南西北四個方向，泛指天下各處。〔註102〕

7. 尻（處）宅（宅）幽彔（麓），……

（1）句解

該句整理者作「尻宅（宅）幽彔（麓）」，整理者指出，「尻宅幽麓」，猶《楚辭·九章·涉江》謂「幽獨處乎山中」，簡文此處是指蘭草生長在深山。按《楚辭·九章·悲回風》：「蘭茝幽而獨芳。」故屈原稱之爲「幽蘭」，如《楚辭·離騷》「結幽蘭而延佇」、「謂幽蘭其不可佩」。又，《荀子·宥坐》：「芷、蘭生於深林，非以無人而不芳。」亦可參考〔註103〕。可從。全句謂蘭居處幽谷。

（2）尻

整理者：「尻」，《楚辭·天問》：「崑崙縣圃，其尻安在。」王逸注：「尻，

〔註101〕馬承源主編：《上海博物館藏戰國楚竹書（八）》，上海古籍出版社 2011 年版，第 258 頁。
〔註102〕同上。
〔註103〕同上，第 254、259 頁。

一作居。」《說文》：「尻，處也。從尸得几而止。《孝經》曰：『仲尼尻。』尻，謂閒尻如此。」按今本《孝經》「尻」作「居」，舊以爲「尻」、「居」同字，「居」行而「尻」廢（見《說文》段玉裁注），但包山楚簡「居尻」連言，知非同字。從楚簡的用法看，「尻」字當從《說文》訓爲「處」即「居處」之義。〔註104〕

復旦吉大古文字專業研究生聯合讀書會：關於此字，一直都有居、處二種解釋。最近似乎學術界更傾向於釋處之說。但是正如張世超先生所說，釋處之說也有一些窒礙，如《說文》几部引《孝經》「仲尼尻」，但是今本《孝經》作仲尼居等。對此張先生提出一種觀點，即居、處本爲同源詞，後來在發展過程中分化爲兩個不同的詞，此說很有啓發性。可參張世超〈居、尻考辨〉，《中國文字研究》第十三輯，33～36頁，大象出版社。〔註105〕

陳按：「居」、「尻」音義並近，從用字習慣看，尤其是包山簡與清華簡〈楚居〉的材料，說明二者有別，且「尻」當對應「處」，可證《說文》之說。

（3）㡯

整理者：「㡯」，即「宅」字繁構。簡文「尻」、「宅」同義疊用。〔註106〕

陳按：「處」、「宅」連用，亦可參看清華簡〈楚居〉1：「毛（宅）尻（處）爰波。」

（4）幽彔

整理者：「幽」，《說文》謂：「隱也。」引申爲深遠。《詩・小雅・伐木》：「出自幽谷，遷于喬木。」毛亨傳：「幽，深也。」《莊子・山木》：「彼其道幽遠而無人，吾誰與爲鄰？」「彔」，讀爲「麓」。《說文》「麓」古文作「彔」；《周禮・地官・序官》「每大林麓，下士十有二人」，陸德明《釋文》：「麓，本亦作彔。」又《說文》「漉」或作「淥」。麓，山腳，《詩・大雅・旱麓》：「瞻彼旱麓，榛楛濟濟。」毛亨傳：「麓，山足也。」〔註107〕

〔註104〕同上，第258頁。
〔註105〕復旦吉大古文字專業研究生聯合讀書會：〈上博八〈蘭賦〉校讀〉註7，復旦大學出土文獻與古文字研究中心網站，2011年7月17日。
〔註106〕馬承源主編：《上海博物館藏戰國楚竹書（八）》，上海古籍出版社2011年版，第258頁。
〔註107〕同上，第258～259頁。

鄔可晶：「幽泉」可讀爲「幽谷」。〔註108〕

你再不同意我就要打人了：後世詩詞有句「猗猗者芳蘭，翳翳彼幽麓」，所以，簡文是否也還是讀「幽麓」的好。〔註109〕

陳按：當讀作「幽麓」。

8. ……戔（殘）惻（賊）。蝁（螻）蛾（蟻）虫（虺）蛇，親眾秉志。綽（逴）遠行道，不躬（窮？）又（有）斬（折），蘭斯秉悳（德），叚……

（1）句解

以上是第三支簡的內容，整理者以及其他學者的斷句存在分歧。該句整理者作「戔（殘）惻（賊）螻蛾（蟻）虫蛇。親眾秉志，綽（逴）遠行道。不躬又（有）折，萊（蘭）斯秉悳。叚（賢）……」，整理者指出，「殘賊螻蟻虫蛇」，倒裝句，修辭的需要〔註110〕。復旦吉大古文字專業研究生聯合讀書會作「……戔（殘）惻（賊），螻蛾（蟻）虫（蟲）蛇。親眾秉志，綽遠行道，不躬有折，蘭斯秉悳（德）。叚（賢）」，指出「此幾句大概在說不好的螻蟻蟲蛇之屬，後面開始則是說蘭之性」〔註111〕。陳志向先生指出：

……戔（殘）惻（賊·職部），螻蛾（蟻）虫（蟲）蛇（·歌部）。親眾秉志，綽遠行道，不躬有折（·月部），蘭斯秉悳（德·職部）。叚（賢）……

對韻段的分析顯然有誤。當作：

戔（殘）惻（賊）【職部】。螻蛾（蟻）虫（蟲）蛇，親眾秉志【之部】。綽遠行道，不躬有折【月部】。蘭斯秉悳（德），叚（賢）……

〔註108〕 參見鄔可晶先生在復旦吉大古文字專業研究生聯合讀書會〈上博八〈蘭賦〉校讀〉（復旦大學出土文獻與古文字研究中心網站，2011 年 7 月 17 日）一文下的評論，2011 年 7 月 17 日。

〔註109〕 參見網友「你再不同意我就要打人了」在復旦吉大古文字專業研究生聯合讀書會〈上博八〈蘭賦〉校讀〉（復旦大學出土文獻與古文字研究中心網站，2011 年 7 月 17 日）一文下的評論，2011 年 7 月 20 日。

〔註110〕 馬承源主編：《上海博物館藏戰國楚竹書（八）》，上海古籍出版社 2011 年版，第 258、259 頁。

〔註111〕 復旦吉大古文字專業研究生聯合讀書會：〈上博八〈蘭賦〉校讀〉註 8，復旦大學出土文獻與古文字研究中心網站，2011 年 7 月 17 日。

「賊」與「志」爲之職部韻，「折」與下句押韻。〔註112〕

在此基礎上，筆者懷疑可如下斷句：

　　……戔（殘）惻（賊）。螽（螻）蛾（蟻）虫（虺）蛇，親眾秉志。迬遠行道，不躬（窮？）又（有）斳（折），蘭斯秉惪（德）。

　　取……

作此處理，考慮到以下三個原因：

其一，從押韻角度看，「賊」在職部，「志」在之部，「德」在職部，之職合韻，句句押韻，較此前的斷句合理；

其二，「迬遠行道，不躬（窮？）有折，蘭斯秉惪（德）」有三句，看似不合常理，事實上，〈蘭賦〉中也是有三短句構成一個句子的例子的，如「緩才（哉）萊（蘭）可（兮），……攸（搖）莟（落）而猷（猶）不遊（失）氏（㞚—厥）芳，芳浧（盈）訧（苾？）汇（迡—彌？）而達翻（聞）于四方」以及全篇末句；

其三，更爲重要的理由是內容層面，按照整理者的釋文，「螻蟻虺蛇」得不到合理的解釋，事實上，它是作爲蘭的對立面出現的。「親眾秉志」當就「螻蟻虺蛇」而發，「蘭斯秉德」則是相對的。「秉志」與「秉德」正好相對，一就螻蟻虺蛇而言，一就蘭而言。「蘭斯秉德」之所以與「迬遠行道，不窮（？）有折」連讀，虛詞「斯」也可以幫助我們理解文義。

不過「取」下有缺文，尚有懸念，陳志向先生的看法也是有道理的，所以在具體處理時暫且用逗號隔開，有待進一步驗證。

所謂「迬遠行道，不窮（？）有折」形容蘭所居之處幽僻，與螻蟻虺蛇的「親眾」是相對的。在幽谷之中，「蘭斯秉德」，「秉德」又見〈橘頌〉。蘭的這一秉性，與其對立面螻蟻虺蛇之「志」形成對比。《楚辭·九章·抽思》：「路遠處幽，又無行媒兮。」《楚辭·九章·懷沙》：「脩路幽蔽，道遠忽兮。」可以參看。

全句謂螻蟻虺蛇之類的生物，喜歡喧鬧的環境。而蘭卻與它們不同，生長於幽僻的地方，堅守自己的芳潔之志。

　　（2）戔惻

整理者：「戔」，讀爲「殘」。《易·賁》「束帛戔戔」，陸德明《釋文》：「戔，

〔註112〕參見陳志向先生在復旦吉大古文字專業研究生聯合讀書會〈上博八〈蘭賦〉校讀〉（復旦大學出土文獻與古文字研究中心網站，2011 年 7 月 17 日）一文下的評論，2011 年 7 月 18 日。

《子夏傳》作戔。」「戔」從「戋」聲，故可相通。戔，傷害，毀壞。《說文》：「戔，賊也。」……「惻」，讀爲「賊」。……《說文》謂「賊」字從「則」得聲，故可相通。賊，敗壞，傷害。《說文》：「賊，敗也。」《左傳》文公十八年：「毀則爲賊。」……「戔賊」，見《史記·淮南衡山列傳》：「往者秦爲無道，戔賊天下。」《越絕書·吳人內傳》：「戔賊奢侈，不顧邦政。」皆同義並用。〔註 113〕

復旦吉大古文字專業研究生聯合讀書會：戔賊一詞古書常見，整理者屬下讀，我們以爲當屬上讀，後面螻蟻蚰蛇單獨成句。〔註 114〕

陳按：「戋惻」，整理者讀作「戔賊」，是。楚簡「惻」常讀作「賊」。「戔」、「賊」同義，且有連用的例子。不過正如復旦吉大讀書會所指出的，「戔賊」當與「螻蟻蚰蛇」分開。而從押韻及文義角度看，當屬上自成一句。前有缺文，未詳。

（3）螻蛾

整理者：「螻」，螻蛄，昆蟲，齧食植物的根，對作物危害很大。「蛾」，讀爲「蟻」。……「義」字從「我」得聲，故可相通。蟻，昆蟲，種類很多，《爾雅》、《說文》作「螘」，即「蚍蜉」。古書常常「螻蟻」連言，如《莊子·列禦寇》：「在上爲烏鳶食，在下爲螻蟻食。」《楚辭·九思·惜誦》：「爲螻蟻之所裁。」《史記·伍子胥列傳》：「向令伍子胥從（伍）奢俱死，何異螻蟻。」〔註 115〕

陳按：螻蟻蚰蛇，在此與蘭形成對比，二者靜噪不同。「親衆秉志」是就螻蟻蚰蛇而言，指它們趨於喧鬧，附麗大衆。「秉志」與蘭的「秉德」對舉。筆者的理解與整理者的解釋差距較大。將蘭與「螻蟻蚰蛇」對舉，可聯繫到蘭草辟邪辟蟲的特徵。

（4）虫

整理者：「虫」，即「蚰」的本字，毒蛇。馬王堆帛書《老子》（乙本）「蠶

〔註 113〕馬承源主編：《上海博物館藏戰國楚竹書（八）》，上海古籍出版社 2011 年版，第 259 頁。
〔註 114〕復旦吉大古文字專業研究生聯合讀書會：〈上博八〈蘭賦〉校讀〉註 8，復旦大學出土文獻與古文字研究中心網站，2011 年 7 月 17 日。
〔註 115〕馬承源主編：《上海博物館藏戰國楚竹書（八）》，上海古籍出版社 2011 年版，第 259～260 頁。

（蜂）癘（蠆）虫蛇弗赫（螫）」，今本（王弼本）《老子》「虫蛇」作「虺蛇」。《說文》：「虫，一名蝮，博三寸，首大如擘指，象其臥形。」《山海經·南山經》：「（猨翼之山）多白玉，多蝮虫。」郭璞注：「虫，故虺字。」「虫蛇」，除見上引帛書《老子》外，亦見《韓非子·五蠹》：「上古之世，人民少而禽獸眾，人民不勝禽獸虫蛇。」蔡邕《篆勢》：「蘊若虫蛇之棼縕。」〔註116〕

　　沈之傑：「螻蛾（蟻）虫（蟲）蛇」句，「虫」當讀爲虺。《老子》王弼本五十五章「蜂蠆虺蛇」中的「虺」字，馬王堆帛書乙本正作「虫」字。古書虺蛇連言或對言之例常見。「蠆虺」在《郭店·老子甲》簡 33 中的異文因是「蠆」字加合文符號＝，諸家考釋意見目前仍有分歧。〔註117〕

　　陳按：「虫」，讀作「虺」，整理者已經指出。

（5）親眾

　　整理者：「親」，親近。……「眾」，眾人，群眾。……「親眾」猶言「親民」，親近愛撫民眾。〔註118〕

　　陳按：當就螻蟻虺蛇而言。

（6）秉志

　　整理者：「秉」，執持，堅持。……「志」，意志，志向。……「秉志」，持志，見皮日休〈九諷·舍慕〉：「粵吾秉志，潔於瑾瑜。」又，《楚辭·九章·惜誦》：「欲橫奔而失路兮，堅志而不忍。」「堅志」與「秉志」義近。〔註119〕

　　陳按：亦當就螻蟻虺蛇而言。

（7）綽遠

　　整理者：「綽」，《說文》以爲是「韓」的省體（實爲異體字），此處讀爲「逴」。「綽」、「逴」二字均從「卓」得聲，例可相通。《說文》：「逴，遠也。」《楚辭·遠遊》：「逴絕垠乎寒門。」洪興祖《補注》：「逴，遠也。」皆以「遠」訓「逴」。《楚辭·九辯》：「春秋逴逴而日高兮，然惆悵而自悲。」《史記·衛將軍驃騎列傳》：「取食於敵，逴行殊遠而糧不絕。」「逴遠」，猶言「遼遠」、

〔註116〕同上，第 260 頁。
〔註117〕參見沈之傑先生在復旦吉大古文字專業研究生聯合讀書會〈上博八〈蘭賦〉校讀〉（復旦大學出土文獻與古文字研究中心網站，2011 年 7 月 17 日）一文下的評論，2011 年 7 月 17 日。
〔註118〕馬承源主編：《上海博物館藏戰國楚竹書（八）》，上海古籍出版社 2011 年版，第 260 頁。
〔註119〕同上。

「遙遠」，同義疊用。〔註120〕

　　陳按：「綽遠」，整理者讀作「逴遠」，是。「逴」與「遠」同義並用，《楚辭・九章・抽思》更有「逴遠」連用的例子。另〈九辯〉有「逴逴」疊用者。「行道」亦是同義複詞，指道路。對「逴遠行道」的解釋，整理者之說可從。另《詩經・大雅・韓奕》的「有倬其道」，「倬」亦或讀作「逴」。

　　（8）行道

　　整理者：「行」，道路。……「道」，道路。……「行道」，見《詩・大雅・緜》：「柞棫拔矣，行道兌矣。」亦是同義疊用。《楚辭・九章・抽思》：「道卓遠而日忘兮。」（王逸注：「卓，一作逴。」）「道卓（逴）遠」即簡文之「逴遠行道」，可以互參。〔註121〕

　　（9）不躬又𣂪

　　整理者：「躬」，今作「躬」，身體，自身。……引申爲親自，親身。……「不躬」猶言「弗躬」。……「又」，讀爲「有」，簡文習見。「𣂪」，責難。〔註122〕

　　陳按：「不躬又折」，整理者的訓釋可疑。筆者認爲「躬」或可讀作「窮」，二者音近可通，並無問題。上博簡《周易》49云：「六四：艮亓躬。」馬王堆漢墓帛書本「躬」即作「窮」。窮，盡也。「折」，訓曲折。《廣雅・釋詁一》：「折，曲也。」《淮南子・覽冥訓》云：「河九折注於海。」高誘注云：「折，曲也。」所謂「不窮有折」，當是形容「逴遠行道」的。《楚辭・九章・抽思》：「曾不知路之曲直兮。」另〈離騷〉：「路曼曼其脩遠兮。」可以參看。

　　（10）斯

　　整理者：「斯」，虛詞，相當於「此」。……按《楚辭》「斯」字多見，皆用作虛詞，訓爲「此」，如〈卜居〉：「將送往勞來，斯無窮乎？」〈漁父〉：「子非三閭大夫與？何故至於斯？」均其例（參看姜亮夫《楚辭通故》）。〔註123〕

　　陳按：此處的「斯」確爲虛詞，但當作連詞解。參見張玉金先生《出土

〔註120〕同上。
〔註121〕同上。
〔註122〕同上，第 261 頁。
〔註123〕同上。

戰國文獻虛詞研究》〔註124〕。同輯〈李頌〉所見「木斯獨生」，並可參看。

（11）秉悳

整理者：「悳」，同「德」。《說文》：「悳，外得於人，內得於己也。」又，「德，升也。」將悳、德分爲二字，從古文字看，實爲一字。……德，品德，操守。……「秉德」，堅持好的品德。《詩・周頌・清廟》：「濟濟多士，秉文之德。」鄭玄箋：「濟濟之眾士，皆執行文王之德。」《楚辭・天問》：「該（亥）秉季德，厥父是臧。」「秉德」亦見《楚辭・九章・橘頌》：「秉德無私，參天帝兮。」〔註125〕

陳按：就蘭而言。

（12）臤

高佑仁：簡3「臤」字下殘，但「又」形左側以及「臣」形下半皆明顯還有多餘殘筆，整體看來應該就是從「力」旁。〔註126〕

陳按：「臤」下缺文，內容不明。整理者讀作「賢」，並無實據。按「臤」常讀作「賢」，亦讀作「堅」等，難以深求。聯繫到〈蘭賦〉以蘭喻賢人的主旨，「臤」讀作「賢」的可能性還是較大的。

9. ……季（年）莼（前）亓（其）約酓（儉），絠（美）遂（後）亓（其）不長。

（1）句解

該句整理者作「……年（佞）前亓（其）約酓（儉），緰（端）後亓（其）不長」，認爲「簡文這幾句大意是說在兩種不同品德的人跟前採取不同的克制態度（即保持自己謙虛謹慎之心態）」〔註127〕。復旦吉大古文字專業研究生聯合讀書會作「……年（佞）前其約酓（儉），緰後其不長」〔註128〕。黃傑

〔註124〕張玉金：《出土戰國文獻虛詞研究》，人民出版社2011年版，第358頁。

〔註125〕馬承源主編：《上海博物館藏戰國楚竹書（八）》，上海古籍出版社2011年版，第261頁。

〔註126〕參見高佑仁先生在復旦吉大古文字專業研究生聯合讀書會〈上博八〈蘭賦〉校讀〉（復旦大學出土文獻與古文字研究中心網站，2011年7月17日）一文下的評論，2011年7月18日。

〔註127〕馬承源主編：《上海博物館藏戰國楚竹書（八）》，上海古籍出版社2011年版，第261、263頁。

〔註128〕復旦吉大古文字專業研究生聯合讀書會：〈上博八〈蘭賦〉校讀〉，復旦大學出土文獻與古文字研究中心網站，2011年7月17日。

先生認爲，此句或當讀爲「前其約酓（儉）綐（美），後其不長」，認爲當在「年」下斷開〔註129〕。筆者作「……季（年）峕（前）亓（其）約酓（儉），綐（美）遬（後）亓（其）不長」。

整理者的斷句對仗較工，暫從之，然整理者的理解尚有可疑之處。整理者對「綐」字釋讀有誤，茲以「綐（美）」替代「端」，與「年」相對。除了這一釋字問題，整理者之說亦似乎求之過深，略顯紆曲。筆者以爲該句與下句「如蘭之不芳，信蘭其沫也」密切聯繫，大意是豐收之前物資貧乏，成就後的事物難以長久。

（2）季峕

整理者：「年」，讀爲「佞」。……佞，善辯，口才好。……引申爲巧言諂媚的人。……「前」，表示切近，面前，跟前。……「佞前」，佞人面前。〔註130〕

黃傑：由於前文已殘，「年」讀爲「佞」並無甚依據。〔註131〕

陳按：「年」，整理者讀作「佞」，傳世文獻中有相關例證。清華簡〈金縢〉4 所見「年」便讀作「佞」，「佞」者，高才也〔註132〕。不過此處的「年」當如字讀。「年」指穀物成熟。在穀物成熟之前物資匱乏，故有「約儉」之說。

（3）約酓

整理者：「約」，約束。……酓」，即「僉」字繁構，下從「曰」爲古文字常見之繁飾。「僉」讀爲「儉」，「儉」字從「僉」得聲，可通。《說文》：「儉，約也。」以「約」訓「儉」。儉，約束，節制。……簡文「約」、「儉」同義，與《說文》合。又，簡文「約儉」是由兩個義近字組合而成的同義複

〔註129〕 參見黃傑先生在復旦吉大古文字專業研究生聯合讀書會〈上博八〈蘭賦〉校讀〉（復旦大學出土文獻與古文字研究中心網站，2011 年 7 月 17 日）一文下的評論，2011 年 7 月 19 日。

〔註130〕 馬承源主編：《上海博物館藏戰國楚竹書（八）》，上海古籍出版社 2011 年版，第 262 頁。

〔註131〕 參見黃傑先生在復旦吉大古文字專業研究生聯合讀書會〈上博八〈蘭賦〉校讀〉（復旦大學出土文獻與古文字研究中心網站，2011 年 7 月 17 日）一文下的評論，2011 年 7 月 19 日。

〔註132〕 參見陳民鎮、胡凱〈清華簡〈金縢〉集釋〉，復旦大學出土文獻與古文字研究中心網站，2011 年 9 月 20 日。

詞，指行爲約束節制，古書亦有「約儉」一詞，是指節約省儉，兩者意思不同。〔註133〕

　　陳按：「約」訓少，與「儉」義近。《廣雅・釋言》云：「約，儉也。」又《廣雅・釋詁三》：「約，少也。」《漢書・朱博傳》顏注：「約，少也。」

　　「儉」指貧乏，不足。《廣雅・釋詁三》：「儉，少也。」《孟子・告子下》：「地非不足，而儉於百里。」焦循《正義》引《說文》：「儉，約也。」又「儉」指饑饉、歉收，《逸周書・糴匡》云：「年儉穀不足。」

（4）綻逡

　　整理者：「綻」，讀爲「端」，二字皆從「耑」得聲，例可相通。端，直，正。《說文》：「端，直也。」……亦指人的品行端莊正直，引申爲正直之人。……「後」，位置在後，與「前」相對。《左傳》昭公二十三年：「塞其前，斷其後。」「端後」，正直人的後面。「端後」與上句「佞前」相對。這裏「前」「後」表達的意思相同，都是指在「佞」者或「端」者跟前。〔註134〕

　　復旦吉大古文字專業研究生聯合讀書會：後上一字整理者隸定爲綻，從字形上看，此字顯然應該隸作綻，讀爲美，佞和美、前和後正相對應。〔註135〕

　　黃傑：讀書會讀爲「美」，是。〔註136〕

　　陳按：「綻」，整理者釋作「綻」，復旦吉大讀書會改釋，是。楚簡中從「兌」之字多讀作「美」，此處亦是如此。此處的「美」或是美好義，該句或指美好的事物不能長久，與下文的「蘭之不芳，信蘭其沬也」相照應。此外，「美」有成長、成熟義。《呂氏春秋・至忠》云：「今有樹於此，而欲其美也，人時灌之，則惡之，而日伐其根，則必無活樹矣。」高誘注云：「美，成也。」「美」可指植物茂盛。《孟子・告子上》：「牛山之木嘗美矣，以其郊於大國也，斧斤伐之，可以爲美乎？」《管子・八觀》：「山林雖近，草木雖

〔註133〕馬承源主編：《上海博物館藏戰國楚竹書（八）》，上海古籍出版社 2011 年版，第 262 頁。

〔註134〕同上。

〔註135〕復旦吉大古文字專業研究生聯合讀書會：〈上博八〈蘭賦〉校讀〉註9，復旦大學出土文獻與古文字研究中心網站，2011 年 7 月 17 日。

〔註136〕參見黃傑先生在復旦吉大古文字專業研究生聯合讀書會〈上博八〈蘭賦〉校讀〉（復旦大學出土文獻與古文字研究中心網站，2011 年 7 月 17 日）一文下的評論，2011 年 7 月 19 日。

美，宮室必有度，禁發必有時，是何也？」又「美」可指豐收，如《管子・國蓄》：「歲適美，則市糴無予，而狗彘食人食。」《管子・禁藏》：「歲兼美惡，畞取一石，則人有三十石。」並可參看。如此，則與上句的「年前其約儉」聯繫更爲緊密。

（5）不長

整理者：「長」，居先，居首位。《易・乾》：「元者，善之長也。」「不長」，不居先。〔註137〕

陳按：「不長」，整理者訓作不居，可疑。當作「不永」理解，即不長久。

10. 女（如）菓（蘭）之不芳，訫（信）菓（蘭）亓（其）穄（沫）也。

（1）句解

該句整理者作「女（如）菓（蘭）之不芳。信菓（蘭）亓（其）𣂪（栽）也」，整理者指出，「簡文這幾句大意是說在兩種不同品德的人跟前採取不同的克制態度（即保持自己謙虛謹慎之心態），這如同蘭草之不發出芬芳之香，是有其一定的道理。可惜上半段簡文已佚，不知此處是自喻還是他指」〔註138〕。復旦吉大古文字專業研究生聯合讀書會作「女（如）菓（蘭）之不芳。信菓（蘭）其蔑也」〔註139〕。筆者作「女（如）菓（蘭）之不芳，訫（信）菓（蘭）亓（其）穄（沫）也」。全句謂蘭花一旦失去芬芳，蘭便確實終止其使命了，即芬芳是與蘭的生命相始終的。「不芳」見諸《楚辭》，且與蘭有關。相關辭例整理者已有羅列，可幫助我們理解。

以下數句筆者斷句有變動，主要基於押韻、語氣詞及文義的考慮。

（2）女

整理者：「女」，讀爲「如」。……如同，好像。〔註140〕

〔註137〕馬承源主編：《上海博物館藏戰國楚竹書（八）》，上海古籍出版社 2011 年版，第 262 頁。

〔註138〕同上，第 261、263 頁。

〔註139〕復旦吉大古文字專業研究生聯合讀書會：〈上博八〈蘭賦〉校讀〉，復旦大學出土文獻與古文字研究中心網站，2011 年 7 月 17 日。

〔註140〕馬承源主編：《上海博物館藏戰國楚竹書（八）》，上海古籍出版社 2011 年版，第 262 頁。

陳按：「如」，未必是好像的意思，當是表示「如果」的連詞。

（3）不芳

整理者：「不芳」，不復芳香，不發出芳香，即失去芳香。《楚辭・離騷》：「恐鵜鴃之先鳴兮，使夫百草爲之不芳。」王逸注：「言我恐鵜鴃以先春分鳴，使百草華英摧落，芬芳不得成也。」「不芳」一詞屢見《楚辭》，如〈離騷〉：「蘭芷變而不芳兮，荃蕙化而爲茅。」「謂幽蘭其不芳。」〈九章・悲回風〉：「鳥獸鳴以號群兮，草苴比而不芳。」又，《荀子・宥坐》：「芷、蘭生於深林，非以無人而不芳。」皆可參考。〔註 141〕

陳按：另郭店簡〈窮達以時〉12、13：「芑□□□□□□□□嗅而不芳。」《楚辭・七諫・沈江》：「聯蕙芷以爲佩兮，過鮑肆而失香。」亦可參看。

整理者所引「謂幽蘭其不芳」，〈離騷〉乃至《楚辭》全書並無此語，但見「謂申椒其不芳」。〈蘭賦〉的「蘭之不芳」，可結合〈離騷〉的「蘭芷變而不芳兮，荃蕙化而爲茅」，〈離騷〉此句是爲了說明「時繽紛其變易」。

（4）訐

整理者：「信」，《說文》謂：「誠也。」引申爲確實，的確。〔註 142〕

（5）穮

整理者：「𧗿」，即「栽」字，上從「爪」，爲楚文字習見之贅增偏旁。如「家」、「卒」「室」等字，楚簡構形均上從「爪」。栽，種植。〔註 143〕

復旦吉大古文字專業研究生聯合讀書會：此字當是蔑字，《上海博物館藏戰國楚竹書四・曹沫之陣》有此字，作 𧗿，可參考，蔑與滅通。〔註 144〕

單育辰：簡 4：「信蘭其蔑也」，蔑應讀爲「邁」。〔註 145〕

〈蘭賦〉簡 4＋5：信蘭其□也，風旱之不罔。「□」應讀爲「邁」，「□」、

〔註 141〕同上，第 262～263 頁。

〔註 142〕同上，第 263 頁。

〔註 143〕同上。

〔註 144〕復旦吉大古文字專業研究生聯合讀書會：〈上博八〈蘭賦〉校讀〉註 10，復旦大學出土文獻與古文字研究中心網站，2011 年 7 月 17 日。

〔註 145〕參見單育辰先生在復旦吉大古文字專業研究生聯合讀書會〈上博八〈蘭賦〉校讀〉（復旦大學出土文獻與古文字研究中心網站，2011 年 7 月 17 日）一文下的評論，2011 年 7 月 17 日。

「邁」皆明紐月部，此處形容蘭品質之高邁。〔註146〕

　　陳按：「穢」，簡文作 ，整理者釋作「栽」，非是。復旦吉大讀書會隸作「蔑」，筆者隸作「穢」。除了讀書會所舉〈曹沫之陳〉的字例外，包山簡 2‧145 所見 亦可參看。「穢」，復旦吉大讀書會讀作「滅」，單育辰先生讀作「邁」，筆者以爲讀作「沫」。上博簡〈曹沫之陳〉中包括「穢」在內的蔑聲字讀作「沫」，傳世文獻中也有不少例證〔註147〕，如越國故地姑蔑即姑末，在今浙江衢州龍游。包山簡的辭例也讀作「沫」〔註148〕。「沫」可訓盡、止。《楚辭‧離騷》云：「芳菲菲而難虧兮，芬至今猶未沫。」王逸注云：「沫，已也。言己所行純美，芬芳勃勃，誠難虧歇，久而彌盛，至今尚未已也。」「沫」正指涉植物芬芳之盡。讀作「沫」，與前句的「不芳」正可呼應。《廣雅‧釋詁四》亦云：「沫，已也。」《廣雅疏證》引王引之說，《詩經‧魏風‧陟岵》「予子行役，夙夜無已」、「予季行役，夙夜無寐」，「寐」讀爲「沫」，「無寐」猶「無已」。鍾嶸〈詩品序〉：「太康中，三張、二陸、兩潘、一左，勃爾俱興，踵武前王，風流未沫，亦文章之中興也。」亦可參看。

　　另《楚辭‧離騷》「芳菲菲而難虧兮，芬至今猶未沫」一句尚有異文。除了「芬」有作「芬芬」者外，「沫」或作「沫」。《文選》陳本作「沫」，尤本作「沫」。洪興祖以爲，「沫，音昧，微晦也。《易》曰：『日中見沫。』〈招魂〉曰：『身服義而未沫』」〔註149〕。洪興祖《楚辭補注》以降，多作「沫」。基於這一理解，後世學者多以「沫」爲本字，多訓「微」，或讀作「昧」〔註150〕。關於「沫」、「沫」孰是孰非，陳本禮以爲舊譌「沫」，游國恩先生認爲「從未不從末」，並指出「此與〈招魂〉之沫，俗並譌作沫，朱冀據之，強爲分疏，杜撰新解，既淺陋可笑，復煩瑣可厭也」。筆者以爲，游國恩等先生遽斷「沫」非本字，恐有商榷餘地。按「沫」古音在明母物部，或隸在微部；「沫」古音在明母月部。如果「沫」在物部，「沫」、「沫」確實

〔註146〕單育辰：〈佔畢隨錄之十五〉，復旦大學出土文獻與古文字研究中心網站，2011年 7 月 22 日。

〔註147〕張儒、劉毓慶：《漢字通用聲素研究》，山西古籍出版社 2002 年版，第 603 頁。

〔註148〕朱曉雪：〈包山楚墓文書簡、卜筮祭禱簡集釋及相關問題研究〉，吉林大學博士學位論文，2011 年 6 月。

〔註149〕（宋）洪興祖：《楚辭補注》，中華書局 1983 年版，第 42 頁。

〔註150〕以下所引楚辭學家相關論述參見崔富章、李大明主編《楚辭集校集釋》，湖北教育出版社 2003 年版，第 642 頁。

古音相近。學者基本認同此處「未沫」，同於〈招魂〉之「未沫（沫）」，王逸均訓「沫（沫）」作「已」。從押韻的角度看，〈離騷〉、〈招魂〉「未沫（沫）」之「沫（沫）」，當以「沫」爲宜。「芳菲菲而難虧兮，芬至今猶未沫（沫）」一句，與前句「惟茲佩之可貴兮，委厥美而歷茲」合觀，無韻〔註151〕。至於〈招魂〉「朕幼清以廉潔兮，身服義而未沫（沫）」，下句作「主此盛德兮，牽於俗而蕪穢」，「穢」在月部，王力先生以爲此句物月合韻〔註152〕，當以「沫」爲本字。然月部的「沫」既然能與「穢」嚴格押韻，何必捨「沫」而從「沫」？反觀〈蘭賦〉的句例，字作「穢」，依據楚簡以往的辭例，可讀作「沫」。從句義上看，同樣涉及蘭花，同樣涉及植物芬芳，可相參驗。從這一新材料看，〈離騷〉與〈招魂〉所見詩句亦當以「未沫」爲是。

「沫」、「沫」古音相近，「未」與「蔑」、「戉」均爲通用聲素〔註153〕，從這一層面來說，「沫」、「沫」之間除了錯謁的可能，還有通假的空間。另「芳菲菲而難虧兮，芬至今猶未沫」的「沫」，徐煥龍、陳本禮訓「沒」，「沒」與「沫」、「沫」古音亦近。《左傳》襄公二十四年「何沒沒也」，王引之《經義述聞》以爲「沒」、「沫」通用，可以參看。《詩經·小雅·漸漸之石》：「山川悠遠，曷其沒矣。」毛傳：「沒，盡也。」〈離騷〉、〈蘭賦〉所見「沫」，訓止，其亦可能與「沒」或「滅」相通，備考。

11. 風汗（旱）之不罔（亡），天道其迹（越）也。

（1）句解

該句整理者作「風汗（旱）之不罔（罔），天道亓（其）迹（越）也」〔註154〕。筆者作「風汗（旱）之不罔（亡），天道其迹（越）也」。全句謂風災旱災不止，天道不常。

（2）風汗

整理者：「風」，颶風。……「汗」，同「旱」。「風旱」，指風災和旱災。「風旱」連稱亦見《周禮·春官·小祝》：「掌小祭祀，將事侯禳禱祀之祝號，

〔註151〕王力：《楚辭韻讀》，《詩經韻讀·楚辭韻讀》，中國人民大學出版社 2004 年版，第 415 頁。
〔註152〕同上，第 469 頁。
〔註153〕張儒、劉毓慶：《漢字通用聲素研究》，山西古籍出版社 2002 年版，第 868 頁。
〔註154〕馬承源主編：《上海博物館藏戰國楚竹書（八）》，上海古籍出版社 2011 年版，第 263 頁。

以祈福祥，順豐年，逆時雨，寧風旱，彌裁兵，遠皋疾。」鄭玄注：「禳，
禳卻凶咎，寧風旱之屬。」「風旱」爲災害，故祈求「寧」，即「止息」。
〔註155〕

（3）罓

整理者：「罓」，即「网」字，下從「口」爲古文字習見之繁構。网，讀
爲「罔」。……「罔」，訓爲害。〔註156〕

陳按：「罓」，整理者讀作「罔」，訓爲害。然〈蘭賦〉強調「雨露不降」、
「旱其不雨」，文義似乎不暢。疑讀作「亡」。據《說文》，「網」、「罔」均爲
「网」異體，「罔」從网亡聲。上博簡〈容成氏〉「於是虐（乎）羿（亡）宗
鹿（戮）族」，可以參看。《呂氏春秋·古樂》高注云：「亡，滅也。」又《列
子·仲尼》「亡變亂於心慮」之「亡」一本作「止」。所謂「不罓（亡）」，殆
指風災與旱災不息。

（4）天道

整理者：「天道」，自然界的變化規律。〔註157〕

（5）述

整理者：「述」，即「越」字，古文字在表示行動義時，從「走」旁之字
或可寫成從「辵」。……越，逾越，超出某種規定或範圍。〔註158〕

陳按：「越」，整理者訓逾越，可備一解。筆者以爲也可能訓失、墜。《左
傳》成公二年杜注：「越，隊（墜）也。」所謂「天道其越」，猶前文的「日
月失時」。

12. 苢（黃―稊）薛（稗）之方迉（起），夫亦啻（適）其戕（歲）也。

（1）句解

該句整理者作「苢（黃）薛之方迉（起），夫亦啻（適）亓（其）戕（歲）
也」〔註159〕，筆者作「苢（黃―稊）薛（稗）之方迉（起），夫亦啻（適）

〔註155〕同上，第264頁。
〔註156〕同上。
〔註157〕同上。
〔註158〕同上。
〔註159〕同上，第263頁。

其哉（歲）也」。全句謂旱災之際，稊稗叢生，這也是順應了時節。

（2）方记

　　整理者：「方」，並也。《詩・小雅・十月之交》：「豔妻煽方處。」鄭玄箋：「后嬖寵方熾之時，並處位。」俞樾《群經平議》指出：「方之本義爲兩舟相並，故方即訓爲並。經文方字，鄭蓋訓爲並。故經云『方處』，箋云『並處位』也。」《老子》「萬物並作」，郭店楚簡本「並」作「方」，同義替代。「记」，即「起」字古文，見《說文》。……起，興起。……「方起」即「並起」，猶《老子》之「並作」，皆一同興起之義。〔註160〕

（3）啻

　　整理者：「啻」，讀爲「適」。《說文》謂「適」從「啻」得聲，故可通。適，順適，適合。〔註161〕

（4）哉

　　整理者：「哉」，楚文字「歲」字，歲，歲時。〔註162〕

13. 柬（蘭）又（有）異勿（物）：蓉（容）惻（則）柬（簡）鯥
　　　（逸）而莫之能詧（效）矣，身體貯（重？）齊（靜？）而
　　　目耳袋（勞）矣，尸（處？）位斁（懷？）下而比惥（擬）
　　　高矣。

（1）句解

　　該句整理者「柬（蘭）又（有）異勿（物），荵（蓉）惻（則）柬（簡）鯥（逸），而莫之能詧（效）矣。身體貯（重）齊（輕），而目耳袋（勞）矣。**生**立（位）敳（聖）下，而比惥（擬）高矣」〔註163〕，復旦吉大古文字專業研究生聯合讀書會作「柬（蘭）又（有）異勿（物）：蓉惻柬（簡）鯥（逸）而莫之能詧（効）矣，身體貯（重）齊（輕）而目耳袋（勞）矣，宅立（位）斁（隱）下而比惥（擬）高矣」〔註164〕。筆者作「柬（蘭）又（有）異勿

〔註160〕同上，第 264 頁。
〔註161〕同上。
〔註162〕同上。
〔註163〕同上，第 263 頁。
〔註164〕復旦吉大古文字專業研究生聯合讀書會：〈上博八〈蘭賦〉校讀〉，復旦大學出土文獻與古文字研究中心網站，2011 年 7 月 17 日。

（物）：蓉（容）惻（則）柬（簡）嫺（逸）而莫之能蓍（效）矣，身體胜（重？）青（靜？）而目耳袋（勞）矣，尸（處？）位竷（懷？）下而比忞（擬）高矣」。全句謂蘭有特殊的秉性，它超邁脫俗沒人可以效法它，它性喜幽靜，它雖居處下位卻有高尚的情操。

（2）異勿

整理者：「勿」，讀爲「物」，指事物的內容、實質。《易・家人》：「君子以言有物而行有恆。」「蘭有異物」，意思是說蘭具有不同一般的品質特色。白居易〈與元九書〉：「諷君子小人則引香草惡鳥爲比。」可以參考。〔註165〕

陳按：「異物」，指蘭特殊的秉性。可參見同輯〈李頌〉的「異類」。另「異物」一語文獻多見，如《左傳》定公元年、《墨子・尚同中》、〈高唐賦〉、〈鵩鳥賦〉、《史記・屈原賈生列傳》等，意義不盡相同。

（3）蓉惻

整理者：「荎」，即「蔘」字，古文字「參」往往省作「厽」。蔘，枝葉竦立貌。……「惻」，讀爲「則」，「惻」從「則」得聲，可通。……則，連詞。〔註166〕

復旦吉大古文字專業研究生聯合讀書會：惻上一字整理者隸定爲荎，以爲即蔘字，實則此乃蓉字，《上海博物館藏戰國楚竹書八・李頌》簡1背「觀乎樹之蓉兮」，正與此字同。蓉惻具體何意，尚待研究。〔註167〕

侯乃峰：既然〈李頌〉中可以讀爲「容」，此處簡文是否亦可考慮讀爲「容」？「容則簡逸而莫之能蓍（效・宵部）矣」，即是說，其容貌外觀則如何如何。〔註168〕

孟蓬生：「蓉惻柬（簡）嫺（逸）」疑讀爲「容色嫻逸」。〔註169〕

〔註165〕馬承源主編：《上海博物館藏戰國楚竹書（八）》，上海古籍出版社2011年版，第265頁。

〔註166〕同上。

〔註167〕復旦吉大古文字專業研究生聯合讀書會：〈上博八〈蘭賦〉校讀〉註11，復旦大學出土文獻與古文字研究中心網站，2011年7月17日。

〔註168〕參見侯乃峰先生在復旦吉大古文字專業研究生聯合讀書會〈上博八〈蘭賦〉校讀〉（復旦大學出土文獻與古文字研究中心網站，2011年7月17日）一文下的評論，2011年7月17日。

〔註169〕參見孟蓬生先生在復旦吉大古文字專業研究生聯合讀書會〈上博八〈蘭賦〉校讀〉（復旦大學出土文獻與古文字研究中心網站，2011年7月17日）一文下的評論，2011年7月19日。

劉雲：疑「蓉惻」應讀爲「容姿」（讀「蓉」爲「容」，小狐先生已經指出）。「蓉」從「容」聲，讀爲「容」自然是沒有問題的。「則」聲字與「即」聲字傳世文獻中多有通假之例（參《漢字通用聲素研究》65 頁），「即」聲字與「次」聲字傳世文獻中和出土文字資料中亦多有通假之例，那麼，「則」聲字與「次」聲字應該也可以相通。「惻」從「則」聲，「姿」從「次」聲，那麼，將「惻」讀爲「姿」應該也是沒有問題的。

「容」意爲儀容，「姿」意爲姿態，兩者意義相近。古書中有「容姿」一詞。《後漢書・虞延傳》：「永平初，有新野功曹鄧衍，以外戚小侯每豫朝會，而容姿趨步，有出於眾。」晉陸機〈擬〈青青河畔草〉〉：「粲粲妖容姿，灼灼美顏色。」

另外，〈李頌〉中有如下簡文：「嗟嗟君子，觀乎樹之蓉（容）可（兮）。豈不皆生，則不同可（兮）。」疑其中的「則」亦應讀爲「姿」，與前文的「蓉（容）」對應。〔註 170〕

黃浩波：竊以爲，將「蓉惻」讀爲「容則」，可從；然而將「容」解爲「容貌外觀」，「則」作副詞理解，恐不可從。

「容則」一詞，可見於楚辭〈大招〉：「容則秀雅，稺朱顏只」。王逸《楚辭章句》：「則，法也；秀，異也；稺，幼也；朱，赤也。言美女儀容閑雅，動有法則，秀異於人，年又幼稺，顏色赤白，體香潔也。」由此觀之，「容」可解爲「儀容」，而「則」當解爲「法則」。《史記・滑稽列傳第六十六》：「即爲孫叔敖衣冠，抵掌談語。」集解：「《戰國策》曰：『蘇秦說趙王華屋之下，抵掌而言。』張載曰：『談說之容則也。』」此處「容則」言孟優之「抵掌談語」，此時孟優不僅著孫叔敖之衣冠，還模仿孫叔敖之言行舉止。聯繫王逸所言「儀容閑雅，動有法則」，若儀容優雅，而且舉止合度，自然便有一番風采。如此，「容則」於「儀容法則」含義之外，應該還包含有「姿態風度」之意在。後世史書，亦以「容則」言人物之儀容美好、風度優雅。《魏書・列傳第六・太武五王》謂元彧：「彧美風韻，善進止，衣冠之下，雅有容則。」《北齊書・列傳第三十三》：「景安妙閑馳騁，雅有容則，每梁使至，恆令與斛律光、皮景和等對客騎射，見者稱善。」

〔註 170〕參見劉雲先生在復旦吉大古文字專業研究生聯合讀書會〈上博八〈蘭賦〉校讀〉（復旦大學出土文獻與古文字研究中心網站，2011 年 7 月 17 日）一文下的評論，2011 年 7 月 25 日。

蘇建洲先生在討論中說到「〈李頌〉（按：鄙意實爲〈杍頌〉）整理者 240 頁解釋爲容貌、儀容。但是楚簡容貌、儀容都用『頌』表示，未見例外。除非是齊系底本或是此處用『艸』旁表示區別符號，草木之容貌與人的容貌不同，則『蓉』是表示草木容貌的專用字。否則此『蓉』應尋他解」。蘇先生「楚簡容貌、儀容都用『頌』表示，未見例外」之說恐不可從。《郭店・語叢一》46、47、48 號簡編連：「其體有容，有色有聲，有嗅有味，有氣有志。」50 號簡：「容色，目司也。」《香港中文大學文物館藏簡牘・戰國楚簡》：「其容不改」，此三處之「容」均可釋爲容貌、儀容。因而，〈蘭賦〉「蓉側」之「蓉」讀爲「容」，訓爲「儀容、容貌」，並非無據可循。

自〈大招〉至《北齊書》，「容則」一詞，皆言人物；而〈蘭賦〉此句，自是擬人手法。耐人尋味者，〈大招〉《魏書》《北齊書》，言「容則」皆曰「雅」；〈大招〉《北齊書》還提及「閑」。〈蘭賦〉則作「蓉側柬（簡）㣈（逸）」，孟蓬生先生及劉雲先生均將「柬（簡）㣈（逸）」二字讀作「嫻逸」，而無說；至於其中玄妙，只能留待孟先生、劉先生及諸位有識君子揭示了。

此外，劉雲先生在討論中還提及：「〈李頌〉中有如下簡文：嗟嗟君子，觀乎樹之蓉（容）可（兮）。豈不皆生，則不同可（兮）。疑其中的『則』亦應讀爲『姿』與前文的『蓉（容）』對應。」在此，讀「蓉側」爲「容則」後，聯繫「容則柬（簡）㣈（逸）而莫之能㪍（効・宵部）矣」前一句「蘭有異物」以及劉先生提及〈杍頌〉中句，兩句合觀，頗有意思，值得玩索。

〈蘭賦〉：蘭有異物，容則柬（簡）㣈（逸）而莫之能㪍（効・宵部）矣。

〈杍頌〉：嗟嗟君子，觀乎樹之蓉（容）可（兮）。豈不皆生，則不同可（兮）。

〈蘭賦〉先言蘭「異物」，再言其「則」，〈杍頌〉先言樹與物「皆生」，後言其「則」異；然而均以所詠之物與它物對比而言，且二者皆言及「物」與「容」、「則」。「物」「容」「則」相關之說，及「物則」一詞，亦散見於先秦典籍。《左傳》昭公九年：「事有其物，物有其容。」杜預注：「物，類也。」「容，貌也。」《韓非子・喻老》：「夫物有常容，因乘以導之，因隨物之容。」集解曰：「物有定形，乘其機以引導之，不待雕琢，而聽其自然以成形。」形與貌，意思接近。《詩經・大雅・烝民》：「天生烝民，有物有則。民之秉彝，好是懿德。」《注》曰：「烝，眾。物，事。則，法。彝，常。懿，美也。」《箋》

云：「秉，持也。天之生眾民，其性有物象，謂五行仁、義、禮、智、信也。其情有所法，謂喜、怒、哀、樂、好、惡也。然而民所執持有常道，莫不好有美德之人。」《管子·七法》：「根天地之氣，寒暑之和，水土之性，人民鳥獸草木之生物，雖不甚多，皆均有焉，而未嘗變也，謂之則。」《國語·周語上》：「考中度衷以蒞之，昭明物則以訓之，制義庶孚以行之。」集解曰：「物，事也。則，法也。」《國語·周語下》「唯不帥天地之度，不順四時之序，不度民神之義，不儀生物之則」「度於天地而順於時動，和於民神而儀於物則」集解曰：「度，法也。」在此，則與度、序、義相提並論，而集解曰：「度，法也。」由此，似可進一步證明「容則」讀法不謬，且「容」可訓爲「儀容、容貌」，「則」應訓爲「法則、法度」；而「容則」一詞可訓爲「儀容法則、姿態風度」。〔註171〕

　　陳按：「蓉」，整理者誤釋，復旦吉大讀書會已經改正。當如同輯〈李頌〉所見字，讀作「容」。「惻」讀作「則」，參見楚帛書的句例。「容則」，黃浩波先生聯繫到《楚辭·大招》「容則秀雅，穉朱顏只」的「容則」，當是。王逸注云：「則，法也。」屈復、胡文英亦訓「法」，湯炳正先生謂「容則，容態舉上」〔註172〕。並可參看。

　　（4）柬𤯝

　　整理者：「柬」，讀爲「簡」，……又，「柬擇」之「柬」，古書多作「簡」。簡，簡易，簡約。《易·繫辭上》：「易則易知，簡則易從。」引申爲稀少。《莊子·人間世》：「其作始也簡，其將畢也必巨。」「𤯝」，古文字「逸」字，簡文與越國銅器者沪鐘「逸」字構形同，三體石經的「逸」字構形與之近似，下部所增爲「谷」旁之譌變（詳拙文〈楚簡文字中的「兔」及相關諸字〉）。逸，超逸。《三國志·蜀志·諸葛亮傳》：「亮少有逸群之才。」《文心雕龍·才略》：「景純豔逸，足冠中興。」後世稱節行高逸之人爲「逸士」，超逸脫俗之志爲「逸志」，高潔之軌範爲「逸軌」，「逸」字皆用此義。〔註173〕

〔註171〕黃浩波：〈上博八〈蘭賦〉「容則」試解〉，武漢大學簡帛研究中心網站，2011年9月9日。

〔註172〕參見崔富章、李大明主編《楚辭集校集釋》，湖北教育出版社2003年版，第2294頁。

〔註173〕馬承源主編：《上海博物館藏戰國楚竹書（八）》，上海古籍出版社2011年版，第265頁。

孟蓬生：「蓉惻柬（簡）牆（逸）」疑讀爲「容色嫻逸」。〔註174〕

陳按：「柬」，楚簡通常讀作「簡」，此處亦然。整理者訓作簡易、簡約，引申爲稀少，恐怕不是很準確。這裏當是質樸的意義。《尚書‧皋陶謨》：「直而溫，簡而廉。」孔傳云：「性簡大而有廉隅。」「逸」，高逸之態，也有可能理解作閑適。總之均修飾蘭草之「容則」。

（5）莫之

整理者：「莫」，無指代詞，表示「無人」、「無處」、「無物」之義。《易‧益》：「莫益之，或擊之。」《論語‧憲問》：「莫我知也夫！」《左傳》莊公二年：「八世之後，莫之與京。」《韓非子‧五蠹》：「魯人從君戰，三戰三北。仲尼問其故，對曰：『吾有老父，身死，莫之養也。』」《淮南子‧說林訓》：「狂者傷人，莫之怨也；嬰兒詈老，莫之疾也。」「莫之」用法皆與簡文同。〔註175〕

（6）詨

整理者：「詨」，從「言」，「爻」聲，讀爲「效」。……效，仿效，效法。〔註176〕

陳按：「詨」讀作「效」，參見上博簡〈恆先〉等。

（7）身體

整理者：「身體」，指人或動物的全身。《管子‧任法》：「利身體，便形軀，養壽命，垂拱而天下治。」《戰國策‧楚策四》：「身體戰慄。」〔註177〕

陳按：全篇大量使用同義複詞，此處亦當是「身」、「體」同義連用。

（8）尃青

整理者：「尃」從「貝」，「主」聲，讀爲「重」。……古音「主」在章母侯部，「重」在定母東部，聲母相近，韻部爲陰陽對轉，可以通假。……重，

〔註174〕參見孟蓬生先生在復旦吉大古文字專業研究生聯合讀書會〈上博八〈蘭賦〉校讀〉（復旦大學出土文獻與古文字研究中心網站，2011 年 7 月 17 日）一文下的評論，2011 年 7 月 19 日。

〔註175〕馬承源主編：《上海博物館藏戰國楚竹書（八）》，上海古籍出版社 2011 年版，第 265 頁。

〔註176〕同上，第 265～266 頁。

〔註177〕同上，第 266 頁。

分量重，與「輕」相對。……「𪩶」，即「青」字繁構，上從「宀」爲楚文字常見之繁飾。青，讀爲「輕」。古音「輕」在溪母耕部，「青」在清母耕部，二字疊韻，可以相通。輕，分量輕，與「重」相對。「重輕」，猶言「輕重」，本指物體重量的大小。《左傳》宣公三年：「楚子問鼎之大小輕重焉。」《孟子・梁惠王上》：「權，然後知輕重。」引申爲尊卑貴賤，亦指尊卑貴賤的人。《荀子・富國》：「禮者，貴賤有等，長幼有差，貧富輕重皆有稱者也。」「身體重輕」，猶言人之尊卑貴賤。〔註178〕

復旦吉大古文字專業研究生聯合讀書會：𪩶整理者讀爲輕，可從，但是認爲重輕即輕重則似乎可商，我們以爲重輕當爲偏義複詞，強調其輕，這樣纔可以與後面的勞相對。此種情況古書中常見，茲不舉例。〔註179〕

鄔可晶：簡5「身體𧹞（重）𪩶（輕）而目耳袈（勞）矣」，「身體重輕」不如讀爲「身體動靜」。〔註180〕

ee：𧹞實爲從貝從主。〔註181〕

高佑仁：身體△（重）𪩶（靜）：△字原考釋者隸作「𧹞」（從「貝」），讀書會作「𧹞」左半似從「見」，仍應以原釋爲宜。〔註182〕

〈蘭賦〉簡5云：「身體𧹞𪩶而目耳勞矣，處位隱（懷？）下而比擬高矣」，原考釋者讀爲「重輕」，認爲猶言「輕重」，本指物體重量的大小。讀書會認爲「『𪩶』整理者讀爲『輕』，可從，但是認爲『重輕』即『輕重』則似乎可商，我們以爲『重輕』當爲偏義複詞，強調其輕，這樣纔可以與後面的『勞』相對。此種情況古書中常見，茲不舉例」。後來又在跟帖中認爲「簡5『身體（重）𪩶（輕）而目耳袈（勞）矣』，『身體重輕』不如讀爲『身體

〔註178〕同上。
〔註179〕復旦吉大古文字專業研究生聯合讀書會：〈上博八〈蘭賦〉校讀〉註12，復旦大學出土文獻與古文字研究中心網站，2011年7月17日。
〔註180〕參見鄔可晶先生在復旦吉大古文字專業研究生聯合讀書會〈上博八〈蘭賦〉校讀〉（復旦大學出土文獻與古文字研究中心網站，2011年7月17日）一文下的評論，2011年7月17日。
〔註181〕參見網友「ee」在復旦吉大古文字專業研究生聯合讀書會〈上博八〈蘭賦〉校讀〉（復旦大學出土文獻與古文字研究中心網站，2011年7月17日）一文下的評論，2011年7月22日。
〔註182〕參見高佑仁先生在復旦吉大古文字專業研究生聯合讀書會〈上博八〈蘭賦〉校讀〉（復旦大學出土文獻與古文字研究中心網站，2011年7月17日）一文下的評論，2011年8月8日。

動靜』」（參第 6 樓）。也就是說此句話目前有兩種讀法：

1. 身體重輕而目耳勞
2. 身體動靜而目耳勞

從下一句「處位隱（懷？）下而比擬高」來看，可以知道「青」和「勞」應該是對比的兩個概念，則「青」讀「靜」較妥，但讀作「動靜」放在文例中，感覺不出有何特別的涵義，所以筆者傾向讀作「身體重靜而耳目勞」，「貤」又見楚𨛭陵君豆、〈曹沫之陣〉簡 54、信陽長臺關簡 2．16，字皆讀「重」。

簡文「身體重靜而目耳勞」，「靜」、「勞」對比，身體（指血肉之軀）的保養著重安靜平和，〈性自命出〉簡 62 云：「身欲青（靜）而毋款」，而「耳目」（指聽覺與視覺）則欲其勞。〔註 183〕

陳按：「蘭有異物」以下三句係表彰蘭草的特異之處，惟第二句最難理解。「貤青」，暫從高佑仁先生讀作「重靜」。「貤」在過去出現的文例中多用作「重」，「青」通常通作「靜」〔註 184〕。

（9）目耳

整理者：「目耳」，猶言「耳目」，眼睛和耳朵。〔註 185〕

（10）褮

整理者：「褮」，從「熒」省，古文字「勞」字，其構形見於青銅器銘文和楚簡。《說文》：「勞，劇也。從力，熒聲。……用力者勞。」勞，辛勞，操勞。……此句義思謂人之尊卑貴賤，在於耳目是否辛勞。此由蘭草引申至人。〔註 186〕

陳按：所謂「目耳勞」，較難理解，筆者認爲猶言「勞形」，謂外物浮躁，與蘭的內在充盈、靜謐超然形成對比。「目耳」是感官，感受的是外界的情形，「身體」則是指蘭的本身存在。

〔註 183〕高佑仁：〈上博八〈蘭賦〉二題〉，武漢大學簡帛研究中心網站，2011 年 9 月 5 日。

〔註 184〕白於藍編著：《戰國秦漢簡帛古書通假字彙纂》，福建人民出版社 2012 年版，第 742 頁。

〔註 185〕馬承源主編：《上海博物館藏戰國楚竹書（八）》，上海古籍出版社 2011 年版，第 266 頁。

〔註 186〕同上，第 266 頁。

（11）尻

整理者：「![字形]」，原簡字跡不甚清楚，字待考。〔註187〕

復旦吉大古文字專業研究生聯合讀書會：此字原整理者沒做隸定，我們以爲此字當是宅字，訓爲居。〔註188〕

鄔可晶：「宅立（位）畞（隱）下而比忝（擬）高矣」，所謂「宅」實係「尻（處）」字之略殘。〔註189〕

袁瑩：![字形]，整理者未釋，讀書會認爲該字當是宅字，訓爲居。我們認爲該字從字形看，與楚簡中的「宅」字不類，與楚簡中的「尻」字更爲相似一些，只是略有漫漶而已。楚文字中常見的「尻」字作![字形]，將兩者對比，不難看出它們爲一字。不過，需要指出的是該字下方多出一橫筆，該橫筆很可能是羨符，在字形下部加一橫筆作羨符的情況在楚文字中很常見。「尻」即「處」，有居處之義，該意思用在簡文中十分通順。〔註190〕

該篇 2 號簡中的「尻」字作![字形]，與我們討論的簡 5 中的「尻」字十分相似，二者可以合觀。〔註191〕

陳按：![字形]，整理者未釋。該字殘泐，復旦吉大讀書會初疑作「宅」，後疑作「尻」，暫從之。

（12）位

整理者：「立」，讀爲「位」。……位，所在的位置。〔註192〕

高佑仁：「位」字原考釋者與讀書會都釋作「立」讀「位」，對照「處」

〔註187〕同上。

〔註188〕復旦吉大古文字專業研究生聯合讀書會：〈上博八〈蘭賦〉校讀〉註13，復旦大學出土文獻與古文字研究中心網站，2011 年 7 月 17 日。

〔註189〕參見鄔可晶先生在復旦吉大古文字專業研究生聯合讀書會〈上博八〈蘭賦〉校讀〉（復旦大學出土文獻與古文字研究中心網站，2011 年 7 月 17 日）一文下的評論，2011 年 7 月 17 日。

〔註190〕參見袁瑩先生在復旦吉大古文字專業研究生聯合讀書會〈上博八〈蘭賦〉校讀〉（復旦大學出土文獻與古文字研究中心網站，2011 年 7 月 17 日）一文下的評論，2011 年 7 月 23 日。

〔註191〕參見袁瑩先生在復旦吉大古文字專業研究生聯合讀書會〈上博八〈蘭賦〉校讀〉（復旦大學出土文獻與古文字研究中心網站，2011 年 7 月 17 日）一文下的評論，2011 年 7 月 24 日。

〔註192〕馬承源主編：《上海博物館藏戰國楚竹書（八）》，上海古籍出版社 2011 年版，第 266 頁。

（參第 6 樓）字的「尸」旁殘泐的情況，以及「立」字左半的殘墨來看，不難發現其實所謂的「立」字根本就已經寫作從「人」的「位」了。〔註193〕

上一字從「尸」，「尸」、「𡰣」寫法比「人」、「𠂊」來得稍寬，所以「處」字如果殘到只剩一角，那麼「人」應該還可以容納得下，最重要的「立」的左上確定有筆跡，左側「人」形依稀還看得出來。（另外簡五下「勿（物），蓉惻簡逸而莫之能効矣，身體重靜而目耳勞矣，宅位隱下而」等字的左側都有若干層度的殘脫，這在縮小圖板上看得更清楚）拙見未必正確，也有可能是多慮了。〔註194〕

陳按：「位」，整理者釋作「立」，高佑仁先生懷疑作「位」，暫從之。

（13）戴下

整理者：「戴」，從「塱」，從「攵」即「塱」字繁構。「塱」有動作義，故簡文從「攵」。塱，堵塞，《說文》：「塱，塞也。《尚書》曰：『鯀塱洪水。』」塱字典籍或作「堙」，引申為埋沒。……「塱下」，埋沒於下。〔註195〕

復旦吉大古文字專業研究生聯合讀書會：戴可讀為隱。〔註196〕

鄔可晶：「戴」字當從「鬼」聲（有關字形見於清華簡〈金縢〉、〈顧命〉、上博簡〈子羔〉等，相關討論可參看劉洪濤〈清華簡補釋四則〉），可讀為「懷」。〔註197〕

陳按：「戴」，據復旦吉大讀書會說隸定。整理者隸作「戴」，讀書會改隸作「戴」，後指出當從「鬼」聲，可讀作「懷」，可從。清華簡〈尹至〉4 見及 ，隸作「䧟」，或讀作「隱」。〈蘭賦〉該字作 ，與之不類。上博簡〈三德〉見及「戴」，讀作「褈」，亦以參看。另〈蘭賦〉所見字也可能係「戴」字

〔註193〕參見高佑仁先生在復旦吉大古文字專業研究生聯合讀書會〈上博八〈蘭賦〉校讀〉（復旦大學出土文獻與古文字研究中心網站，2011 年 7 月 17 日）一文下的評論，2011 年 8 月 8 日。

〔註194〕參見高佑仁先生在復旦吉大古文字專業研究生聯合讀書會〈上博八〈蘭賦〉校讀〉（復旦大學出土文獻與古文字研究中心網站，2011 年 7 月 17 日）一文下的評論，2011 年 8 月 16 日。

〔註195〕馬承源主編：《上海博物館藏戰國楚竹書（八）》，上海古籍出版社 2011 年版，第 266～267 頁。

〔註196〕復旦吉大古文字專業研究生聯合讀書會：〈上博八〈蘭賦〉校讀〉註 13，復旦大學出土文獻與古文字研究中心網站，2011 年 7 月 17 日。

〔註197〕參見鄔可晶先生在復旦吉大古文字專業研究生聯合讀書會〈上博八〈蘭賦〉校讀〉（復旦大學出土文獻與古文字研究中心網站，2011 年 7 月 17 日）一文下的評論，2011 年 7 月 17 日。

誤書，準此當讀作「隱」，存疑待考。

（14）而

整理者：「而」，連詞，相當於「卻」。〔註198〕

（15）比㤨

整理者：「比」，比喻，比擬。……「㤨」，同「疑」。……古音「矣」、「疑」同屬之部，兩字疊韻，可通。「疑」與心理有關，故簡文字從「心」旁。疑，讀爲「擬」。……擬，比擬。……簡文「比」、「擬」亦是同義疊用，後世即以「比擬」爲一詞。〔註199〕

（16）高

整理者：「高」，在一般標準或平均程度之上。《荀子・非十二子》：「高上尊貴，不以驕人。」《淮南子・泰族訓》：「無被創流血之苦，而有高世尊顯之名。」又，《莊子・讓王》：「屠羊說居處卑賤而陳義甚高。」意思與本句近似，可以參看。〔註200〕

陳按：《楚辭・九辯》：「寧窮處而守高。」可以參看。

〔註198〕馬承源主編：《上海博物館藏戰國楚竹書（八）》，上海古籍出版社 2011 年版，第 267 頁。

〔註199〕同上。

〔註200〕同上。